미중 통화전쟁

21세기의 백년전쟁, 미중 패권전쟁의 최전선

미중 통화전쟁

타무라 히데오 지음 | **정상우** 옮김

美中通貨戰爭

오픈하우스

일러두기

1. 본문의 각주는 모두 역자 주이다.
2. 외국 인명·지명은 외래어 표기법을 따르되 일부는 관용적인 표기를 따랐다.
3. 책·신문·잡지명은 『 』, 영화·연극·TV·라디오 프로그램명은 「 」로 묶어 표기했다.

시작하며

이 책의 목적은 중국이 왜 미국의 패권에 도전하는지를 구체적인 사건과 데이터를 바탕으로 풀어내는 것이다.

현대 세계에서 일어나는 복잡다단한 사건에는 경제는 물론 정치·사회·군사·외교의 모든 밑바탕에 돈, 즉 통화가 따라다닌다. 통화와 그에 따른 정보를 추적하고 분석하면 일본을 둘러싼 국제 정세, 미중 관계의 심연을 들여다볼 수 있다. 간단한 예를 살펴보자.

시진핑 중국공산당 총서기 겸 국가주석은 "중화민족의 위대한 부흥"이라는 구절을 자주 언급한다. 그가 말하는 '중화민족'은 민족학적으로는 성립되지 않는 인위적인 정치적 개념으로, 한족을 주체로 하고 몽골족·티베트족·만주족·위구르족 등 이른바 소수민족을 모두 포괄한다. 이 중화민족이 가장 위대했던 시기는 몽골족이 중심이 되어 유라시아 대륙을 휩쓸었던 원나라 시대. 원 제국이 광활한 영토를 지배할 수 있었던 것은 만주 여진족의 금나라가 만들어낸 '교초交鈔'라는 지폐, 즉 '신용화폐'를 원 제국이 널리 퍼뜨렸기 때문이다. 시진핑이 공산당 독재의 대의명분으로 삼고 있는 '중화민족의 위대한 부흥'을 위해 '공산당통화=위안화'를 가장 큰 무기로 활용하는 것은 당연한 선택이다.

중화인민공화국의 건국자 마오쩌둥은 자신의 초상화가 그려진 지폐를 만지는 것을 싫어했다고 한다. 마오는 돈이 필요 없는 공산주의 이상을 바탕으로 생산 수단의 사유제를 부정하고 인민공사 방식으로 물건을 공동 생산했으나 결국 2천만 명 이상의 아사자가 발생했다. 대실패였다.

다음 최고 실권자인 덩샤오핑은 방향을 완전히 바꿔 돈이면 다 되는 시장경제 방식을 도입하여 도광양회韜光養晦[1] 방식으로 미국과 일본 등 서방 세계와 손잡고 경제를 비약적으로 성장시켰다.

그리고 지금, 마오쩌둥과 비슷한 급의 권력자를 자처하는 시진핑은 발톱을 드러내고 상대를 위협하고 있다.

이에 반해 미국은 여전히 기축통화인 달러로 2차 세계대전 이후 세계 패권국 지위를 유지하고 있지만, 점차 그 절대적 힘에 균열이 생기고 있다. 상품 생산력 및 공급력에서 중국에 밀리고, 달러를 기반으로 한 글로벌 금융의 총본산인 뉴욕도 2008년 9월 전례 없는 금융위기로 불리는 리먼 쇼크 이후 불안감이 감돌고 있다.

중국은 달러 체제에 순응하면서 힘을 축적해 왔고, 서서히 기회를 틈타 달러 체제를 잠식하기 시작했다. 그 와중에 중국과 같이 달러 체제를 적대시하는 러시아의 푸틴 대통령은 시진핑 주석에 이끌려 우호관계를 맺고 우크라이나 침공을 시작했다.

---

1 국제적으로 영향력을 행사할 수 있는 국력이 생기기 전까지 몸을 낮추는 전략을 취했던 1980년대 중국의 대외 정책.

미중 간의 통화 패권 경쟁은 초강대국 간의 거대한 책략 전쟁이며, 일본을 포함한 전 세계를 끝없는 대혼란의 시대로 몰아넣고 있다.

이 책의 주요 무대는 시진핑이 정권을 잡은 2012년 이후이다. 그 이전의 위안화 역사와 미중·미일 관계에 대해서는 졸저 『위안-달러-엔』, 『위안화가 기축통화가 되는 날』에서 상세히 기술하고 있으며, 2018년에 시작된 미중 무역 마찰에 대해서는 필자의 저서 『검증 미중 무역전쟁』에서 자세히 서술한 바 있으나, 안타깝게도 출판사의 파산으로 인해 절판되었다. 이 책은 절판된 도서의 내용을 대폭 업데이트하고 추가한 것으로, 전체 흐름을 파악하기 쉽게 프롤로그에서 큰 틀을 정리한 후 각론을 전개하는 형식을 취했다.

인내심을 가지고 편집 작업을 해준 다나카 토오루 씨에게 감사의 마음을 전한다.

목차

21세기형 패권전쟁

러시아의 우크라이나 침공(우크라이나 전쟁)의 본질은 미국과 중국의 통화 대리전代理戰이다. 글로벌화된 세계에서 기축통화 달러를 쥐고 있는 미국, 달러 패권에 도전하는 상품 공급의 초강대국 중국, 이들의 싸움터 중 하나가 우크라이나인 것이다. 패권 다툼은 우크라이나에 국한되지 않는다. 세계의 모든 장소와 분야에서 벌어지고 있다.

국제정치학자 로버트 길핀이 갈파했듯이, 세계의 패권국가는 단 하나뿐이며, 20세기의 패권 경쟁은 두 번의 세계대전을 일으켰다. 하지만 현존하는 핵심 초강대국 간 패권 경쟁에서의 직접 충돌은 서로에게 궤멸적 타격을 입힐 수 있다. 군사력을 대체할 대량 살상무기가 될 수 있는 것이 바로 상품과 돈, 혹은 둘 중 하나다.

바꿔 말하면, 미중 대립을 축으로 하는 21세기형 패권전쟁은 '상품 vs 돈'을 기본으로 하고, 그 기조 위에서 무역과 첨단기술, 금융, 외교 및 군사 등이 복잡하게 얽혀 서로 대립하고 갈등하며 시공간을 초월한 소모전이 펼쳐진다. 여기서 상품은 공산품과 그 제조기술, 에너지, 식량, 희소 자원, 반도체 등을 핵심으로 하는 포괄적 개념이다. 통화, 즉 달러와 위안화는 이러한 각 분야를 아우르면서 얽히고설킨 줄기다.

2018년 7월에 발발한 미중 무역전쟁은 통화전쟁의 서막이었다. 시진핑은 무역전쟁에서 중국이 우세해지자 달러 지배 체제를 무너뜨리려 하는 푸틴과 뜻을 같이해 손을 잡았다. 이런 상황 속에서 우크라이나 전쟁은 미중 통화전쟁의 한 부분이 되었다.

오랜 역사 속에서 통화는 세계 패권 확보에 결정적인 역할을 해왔다. 절대적 군사력만으로도 부족하고, 통화 패권이 있어야만 세계의 중심인 제국이 된다. 고대 로마 제국, 원 제국, 근대에는 대영 제국, 그리고 2차 세계대전 이후 영국의 패권을 계승한 미국을 보면 알 수 있다.

'팍스 아메리카나 Pax Americana(미국의 지배에 의한 평화)'로 불리는 미국 중심의 세계 질서는 달러가 기축통화일 때만 성립한다. 패권국의 자리를 노리는 시진핑은 마오쩌둥 이래의 전통적 전술인 '적敵의 무기로 싸우'고 있다. 중국은 달러 체제에 기생하면서 힘을 축적하고, 서서히 달러의 영역을 잠식해 나가는 중이다.

사실 일본도 이 싸움의 소용돌이에 휘말려 있다. 일본 엔화는 세계 최대 채무국인 미국의 금융시장을 밑에서 받쳐주고 있기 때문이다. 위안화는 달러 금융시장을 통해 일본의 잉여자금을 흡수하여 팽창을 거듭하며 일본을 잠식하려는 기세다.

우크라이나는 미중 대리전의 무대

서두의 명제로 돌아가보자.

핵시대에는 미소 냉전이 그랬던 것처럼 패권 대리전이 어딘가에서 벌어진다. 현재의 우크라이나 전쟁이 미중의 대리전이라는 것은 '상품 vs 돈'의 구도에 초점을 맞추면 분명해진다.

단서는 2022년 2월 4일 베이징동계올림픽 개막식에 참석한 푸틴과 시진핑의 공동성명이다. 양 정상은 "양국의 우호에는 한계가 없고, 협력에는 금지된 영역이 없다"고 선언하며 굳은 악수를 나눴다. 이 문구를 이끌어낸 쪽은 푸틴이 아니라 시진핑이었다. 그리고 20일 후, 만반의 준비를 한 것처럼 러시아군은 우크라이나 침공을 시작했다. 서방은 즉시 러시아에 대한 경제·금융 제재에 착수했다.

푸틴의 중러 공동성명은 우크라이나 전쟁이 불러올 서방의 대러시아 경제·금융 제재에 대비한 것이었다. 공동성명에 따른 협력협정에서 러시아산 석유·천연가스·밀 수입 확대 및 양국 간 무역 결제에서 달러화 배제·위안화 및 루블화 거래 확대에 합의했다. 요컨대, 미국과 유럽의 러시아산 석유와 천연가스 수입 금지에 맞춰 중국이 잉여분을 사들이고 이에 사용하는 통화는 위안화 또는 루블화로 한다는 것이다. 한마디로 중러 에너지-통화 동맹이다.

그러나 여기에는 푸틴의 러시아에 치명적일 수 있는 함정이 숨겨져 있었다. 서방의 제재로 지쳐가는 러시아에는, 역사적으로 상극관계에 있는 중국의 위성국가나 다름없는 상황으로 전락할 운명이 기다리고 있다. 그것은 당사국만 황폐화되는 대리전의 특징 그 자체다.

푸틴은 시진핑의 덫에 걸렸다

푸틴의 달러 체제 붕괴에 대한 집념은 대단하다. 그는 2022년 9월 "미국과 유럽은 달러 파워와 기술 독재를 통해 본질적으로 세계의 부를 빼앗아 공물을 징수하고 불로소득을 취한다"는 연설로 그 집념을 드러냈다. 푸틴은 달러를 없애고 싶어 한다. 반면 시진핑은 달러를 충분히 이용하면서 장기적 목표로는 달러를 대체하고 싶어한다. 푸틴의 야망과는 다르지만, 시진핑 또한 세계 달러 지배 체제를 약화시키고자 하는 면에서 둘은 동맹국이다.

"중화민족의 위대한 부흥"을 내세운 시진핑은 달러권 잠식의 포석을 깔았다. 먼저, 원 제국의 판도와 겹치는 유라시아 대륙과 그 주변을 독자적인 광역 경제권으로 묶는 '일대일로一帶一路'를 구상했다. 그 내용은 다음과 같다. 중국의 돈, 국유기업 및 노동력을 총동원하여 모두 위안화 금융으로 처리하는 인프라 건설 프로젝트를 수행하고, 상대방에게는 높은 금리의 달러 채무를 강요한다. 달러로 상환할 수 없게 되면, 즉 채무 불이행(디폴트)이 되면 인프라 설비를 압류한다.

일반인의 시각에서 보면 이때의 달러 채무를 달러 대신 위안화로 하면 되지 않나 생각할 수 있겠지만, 이를 가능하게 하기 위해서는 상대국이 위안화 자금을 제한 없이 조달하고 자유롭게 사용할 수 있도록 해야 한다. 하지만 그렇게 되면 거액의 위안화가 해외로 유출되고 결국 자유로운 위안화 거래시장이 해외에 생기게 된다. 즉, 위안화의 외환시장과 자금조달시장, 금리가 베이징의 통제 범위를 벗어나는 곳에서 성립하게 되는 것이다. 그렇게 되면 중국 당국의 국내 외환·금융·자본시장에 대한 엄격한 통제가 무너지고 중국은 위안화 전면 자유화에 내몰릴 수밖에 없다. 당이 돈을 지배하는 '사회주의 시장경제'가 붕괴되는 것이다.

'일대일로 이니셔티브(BRI)'가 본격적으로 추진되기 이전부터 동남아시아 등 중국 접경지역에는 중국계 카지노 특구가 설립되어 있었다. 여기에서는 모든 거래가 위안화로 이루어지지만, 특구 밖으로의 위안화 반출은 금지된다. 유통된 위안화는 카지노 영업 개시와 동시에 그곳에 지점을 설립한 중국 국유 상업은행이 회수한다.

동남아시아·러시아 등 중국과 국경을 접하고 있는 국가와 지역에서는 중국 제품이 넘쳐나고 중국인 상인이나 사업자들이 활개를 치고 있지만, 그곳에서 사용되는 위안화는 모두 현지에 진출한 중국계 은행이 회수하는 '카지노 특구 방식'이다. 따라서 표면적으로는 '위안화 결제권'이 점차 지리적으로 확대되고 있는 것처럼 보이지만, 그 침투는 극도로 로컬적이고 제한적이고 폐쇄적이며, 글로벌 규모의 기축통화인 달러에 도전한다고는 도저히 말할 수 없다.

무역에 국한된 위안화의 국제화

시진핑 정권은 미중 무역전쟁이 발발한 2018년부터 상품무역의 탈脫달러화라고 할 수 있는 '위안화 결제화' 작전을 시행했다. 규제가 강한 위안화 금융제도를 당분간 그대로 유지하면서, 상대국의 대對중국(이하 '대중') 무역을 위안화 기준으로 하는 것이다. 쉽게 말해 중국이 위안화 기준으로 수출하고, 상대국 또한 중국으로부터의 수입 대금을 위안화로 지불하도록 유도한다는 뜻이다.

이에 대한 중국 측의 우려는 앞서 기술했듯 위안화 자금이 해외에 체류하고 축적되는 것이다. 중국이 이 자금을 회수하지 못하면 해외에 중국 당국이 컨트롤할 수 없는 위안화의 외환 및 자산거래 자유시장이 생기게 된다. 그럴 경우 외환 및 금리를 중심으로 중국 당국이 꽁꽁 묶어 규제·관리하고 있는 위안화 금융시장에 대한 경쟁자가 생겨 본토의 시장을 흔들게 된다.

돈은 규제를 싫어하고 자유를 좋아하기 때문에 중국에서는 자본 유출이 심화되고 자칫 잘못하면 당에 의한 시장경제지배 체제의 붕괴로 이어질 수 있다. 위안화 국제화는 양날의 검이다. 그래서 시진핑 정권은 당분간은 위안화 결제를 상품무역 중심으로만 진행할 수밖에 없다.

수출과 수입이 균형을 이루면 위안화 자금의 잉여가 발생하지 않고, 상대국도 보유할 잔여 위안화가 없다. 중국으로부터의 수출이 수입을 초과하는 상대국의 경우, 상대국은 중국으로의 수출분을 위안화로 받고 그 위안화를 중국으로부터의 수입에 충당한다. 상대국은 기존과 마찬가지로 수입 초과분을 달러로 정산한다. 반대로 상대국의 대중 수출이 수입을 초과하는 경우, 수출분의 일부를 위안화로 받고, 그 위안화로 중국에서 수입을 하게 된다.

페트로 위안화의 책략

시진핑의 탈달러 전략은 2022년 우크라이나 전쟁으로 새로운 국면에 접어들었다. 이는 '페트로 달러', 즉 달러가 독점해온 석유 결제 통화의 한 축을 '페트로 위안화'로 무너뜨리려는 책략이다. 시진핑은 우크라이나 전쟁 발발 직전에 러시아산 석유와 천연가스의 비非달러 결제를 노리는 푸틴과 동맹을 맺고 탈달러로 "한계 없는 협력"을 약속했다.

석유의 위안화 결제를 실현한 것은 정치적으로 나름 상징적인 의미가 있다. 달러의 금 불태환不兌換을 선언한 1971년의 닉슨 쇼크 3년 후 미국이 사우디아라비아에 석유의 달러 결제를 강요하여 기축통화 달러의 지위를 사수한 페트로 달러 개념을 '도용'한 것이기 때문이다.

시진핑은 2022년 12월 사우디를 방문해 석유에 대한 위안화 거래를 추진했고 이후 물밑에서 교섭을 진행 중이다. 주변 산유국들은 이미 액화천연가스(LNG)의 위안화 기준 수입에 응하고 있다. 2023년 3월, 중국은 위안화 결제국인 이란과 대립하고 있는 사우디와의 국교정상화를 중재했다.

위안화가 페트로 달러의 한 축을 무너뜨리면 더 큰 붕괴를 유발할 수 있을까? 만약 석유수출국기구(OPEC)의 맹주인 사우디가 위안화 결제에 응할 경우 다른 자원 수출국들의 추종을 유도하게 될 것이다.

권위주의 국가들은 민주화, 인권 문제 등으로 압력을 가하는 미국에 강하게 반발할 경우 달러 거래 중단이 예고되는 것만으로도 경제 불안에 빠질 수 있다. 핵 개발에 몰두하는 이란·북한·러시아는 달러의 금융 제재를 받아 경제난에 시달리고 있다. 이러한 국가들은 에너지와 자원의 대중 수출이 많으면 위안화 결제를 도입하기 쉽다. 수출로 들어오는 위안화 자금은 중국 상품 수입 결제에 쓰면 된다. 중국 입장에서는 이러한 산유국으로의 수출을 확대할 수 있다.

위안화 결제를 검토하는 국가는 달러 결제 의존도를 낮추고자 하는 브라질 등 다른 자원 수출국들로 확산되는 양상을 보이고 있다. 상품자원을 통해 돈(달러)에 대해 우위를 점하고 싶다는 동기로 인해 이른바 글로벌 사우스Global South¹가 중국에 의해 자극받고 있다.

그렇다면 세계 금융시장에서 위안화가 차지하는 위치는 어느 정도일까? 2022년 국제결제은행(BIS) 조사에 따르면 세계 외환 거래에서의 비중은 달러 58%, 엔화 17%인 반면 위안화는 7%에 불과하다. 국제통화기금(IMF) 통계에 따르면, 2023년 3월 기준 외환보유액 통화 점유율은 달러 59%, 엔화 5.5%, 위안화 2.6%이다.

위안화는 달러에 대한 도전 자격조차 의심스러워 보인다. 하지만 상품

---

1 제3세계 또는 개발도상국들을 통칭하는 용어로, 저개발국과 개발도상국 대부분이 남반구에 몰려 있다 하여 붙여졌다.

무역과 달러 금융이 극도로 글로벌화한 시대에는 달러 파워가 상품 파워보다 우위를 점한다고 할 수 없다.

다시 말해, 중국의 강점은 수출로 대표되는 상품의 공급력과 그에 따른 상품의 구매력이다. 중국의 상품 수출 세계 점유율은 15% 이상으로, 미국의 2배에 달한다. 동시에 석유 수입은 1일 1천만 배럴을 넘어 미국의 1.7배에 달한다. 미국과 유럽을 중심으로 한 탈탄소정책의 영향으로 인해 중장기적으로 석유 수요가 감소할 것으로 전망되는 가운데, 사우디 등 산유국의 입장에서 석유 수입을 늘리는 중국과의 위안화 거래 확대는 불가피하다.

석유 수출국이 위안화를 손에 쥐면 운용은 자유롭지 못하지만 중국 상품 수입에 위안화를 사용할 수 있으므로 중국의 상품 파워가 곧 위안화 국제화의 원동력이 될 수 있다. 게다가 위안화라는 차이나머니 자체도 실물경제의 성장과 함께 팽창을 거듭하고 있는데, 중국의 총통화 (M2)[2]량을 일본 엔화로 환산하면 2022년 말 기준 5,055조 엔에 달한다. 일본의 1,212조 엔, 미국의 2,802조 엔을 압도한다.

금융시장이 극도로 발달한 미국의 금융자산은 증권 중심이기 때문에 별도로 치더라도, 위안화의 총통화량은 1년간 약 1,200조 엔, 즉 일본의 총통화량에 해당하는 금액이 매년 늘어난다. 그렇기 때문에 만성적인 디플레이션으로 수요가 약한 일본 국내는 중국으로부터 유입되는 소비를 기대하는 처지가 된다.

하지만 위안화 파워에는 취약성이 도사리고 있다. 미국은 여차하면 그

---

2 현금통화에, 즉시 현금화할 수 있는 요구불 예금과 저축성 예금까지 포함한 것.

아킬레스건을 찌를 것이다.

달러에 기생하며 팽창하는 위안화

거대한 위안화의 신용을 뒷받침하는 것은 달러를 중심으로 한 외환보유액이다. 중국의 중앙은행인 인민은행(PBC)은 유입되는 외화의 대부분을 매입하고 그에 따라 위안화 자금을 발행하여 달러 대비 위안화 환율을 전일 종가 기준으로 상하 2% 범위 내에 두는 준準달러본위제를 채택하고 있다.

위안화 금융은 외환보유액이 줄어들면 긴축할 수밖에 없다. 외환보유액이 줄어드는데도 불구하고 위안화 자금이 증가하면 위안화가 신용을 잃게 되고, 거액의 자본이 해외로 빠져나가 금융위기를 초래할 수 있기 때문이다.

일본에서의 싹쓸이쇼핑, 홋카이도 등의 원시림이나 오키나와의 외딴섬 사재기 등으로 대표되는 차이나머니 파워는 달러 보유액에 달려 있어서, 미국 은행이 중국 은행과의 달러 거래를 금지하면 순식간에 그 힘이 사라질 수 있다. 머니 파워 유지를 위해서는 무역으로 흑자를 내야 하는 것뿐만 아니라 해외로부터의 부채를 의미하는 투융자投融資를 끊임없이 필요로 한다. 그래서 시진핑 정권은 위안화 결제를 통한 경제권 형성을 목표로 하고 있지만, 그 이면에는 외화 부족에 대한 불안감이 늘 발치를 따라 다닌다.

우크라이나 전쟁 발발 후 해외로부터의 대중 증권 투자가 감소세로 돌아섰다. 동시에 부동산 버블 붕괴가 시작되고 주택 등 부동산 투자 주도형 경제모델이 막다른 골목에 다다랐다. 리스크에 민감하고 빠르게 도망치는 주식과 채권 투자자들은 몸을 사리고 있다.

시진핑 정권은 2022년 가을 당대회와 2023년 3월 초순의 전국인민대표대회(전인대)[3]를 통해 당이 경제·금융 정책을 직접 지휘하는 체제로 전환했다. 중국의 금융은 해외 투자자와 기업이 들여오는 외화에 크게 의존하고 있다. 중국 경제의 치명적인 약점이다. 시 정권은 당 주도로 이를 극복하고자 하며, 외자를 묶어두기 위해 수단과 방법을 가리지 않는다. 외국인 억류는 말할 것도 없고, 공급망 차단·부품 및 원자재 공급 중단·수입 금지 등의 경제적 압박을 가한다.

미국의 대중 정책은 '협력'에서 '경쟁'으로, '융화'에서 '봉쇄'로 바뀌었지만, 상품 강대국을 상대할 때는 가끔 강경책이 흔들린다. 미국의 주력 무기는 당연히 금융과 첨단기술이다. 위안화는 달러와 교환이 금지되면 순식간에 휴지조각이 되어 시진핑 정권의 발판이 무너질 것이다. 하지만 그렇게 되면 달러 중심의 국제금융시장이 '역풍'을 맞을 수 있다.

2017년 출범한 트럼프 행정부는 패권국가의 자리를 노리는 시진핑 정권의 야망을 간파하고, 우선 달러와 첨단기술을 중국에게 넘기지 않겠다는 전술을 펼쳐 2018년 무역전쟁의 서막을 알렸다. 미국은 중국의 불공정무역 관행에 대한 제재 관세를 발동시켜 중국 통신장비 대기업 화웨

---

3 공산당 주도의 국회로 연 1회 개최.

이 등을 미국 시장에서 퇴출시켰다. 중국의 홍콩 자치권 박탈 및 민주화 운동 탄압 때에는 금융 제재로 대응할 태세를 보였으나 즉각적인 발동은 자제했다. 2021년 출범한 바이든 정부는 반도체 관련 등 첨단기술 수출 규제를 강화하고 있지만, 대중 금융 제재에는 매우 소극적이다.

더군다나 일본과 유럽은 중국을 향해 미국보다 훨씬 약한 대응을 할 수밖에 없다.

대중 제재로 촉발된 국제 금융위기

러시아의 우크라이나 침공에서는 어떨까? 우크라이나를 러시아의 일부로 간주하는 푸틴이 서방으로부터 금융 제재로 인한 타격을 입지 않도록 시진핑 정권은 뒤에서 러시아를 무역과 위안화 결제망 이용 제공 등 금융 측면에서 지원하고 있다. 중국은 바이든 정권이 금융 제재를 주저하는 나약함도 간파하고 있다. 그리고 대만을 중국의 일부로 간주하여 강제 병합에 나설 경우, 미국이 어느 정도까지 대중 제재를 할지, 더 나아가 미·일·유럽이 중국을 상대로 어디까지 결속할 수 있는지를 내다보며 공작하여 이를 무력화시키려고 한다.

프랑스의 마크롱 대통령은 2023년 4월 초 중국을 방문해 시진핑과 회담을 가진 후, 미국과 유럽 언론에 "유럽은 대만 문제에서 미국을 추종해서는 안 된다"고 밝혔다. 이는 거대 상품시장인 중국으로의 침투를 노리는 것만이 아니다. 과거 미국의 금괴 보관기지에 수송기를 보내 대량의 금을 빼내와 닉슨 대통령에게 달러의 금태환을 단념시켰던 드골 대통령의 유전자와 탈달러를 꿈꾸는 시진핑의 야망이 공명하고 있는 것이다.

미 하원 다수당인 공화당은 바이든 정부에 대중 금융 제재 압력을 가할 것이다. 2024년 대선에서 공화당 정권이 들어서면 대만 문제로 미중간 긴장은 더욱 고조될 것이다. '상품의 중국 vs 돈의 미국' 대립은 멈추지 않고 장기적인 소모전이 될 것이다.

일본은 어떨까? 미국 측에 종속되면서 중국 시장도 중시하는 양다리 정책으로 미중 통화 패권전쟁을 극복할 수 없다는 것은 이미 분명하다. 기시다 후미오 정권과 경제계는 '일중 우호' 노선과 결별하고 의연하고 착실하게 탈중국을 추진하는 장기적인 전략을 세울 수밖에 없다. 이를 위해서는 세계 최대의 돈줄이 되어 중국을 살찌우는 원흉이라 할 수 있는 디플레이션 경제에서 벗어나 국내 시장을 활성화하고 경제 성장을 이루어야 하지만, 일본도, 서방의 미국과 유럽도, 팽창하는 중국에 대한 결속력은 흐트러지기 쉬운 상황이다.

히로시마 정상회담에서 드러난 서방의 취약한 결속력

주요 7개국 정상이 모인 히로시마 G7 정상회의가 2023년 5월 21일 폐회했다. 한국·인도 등 신흥국이 초청되었을 뿐만 아니라 러시아와 전쟁

중인 우크라이나의 젤렌스키 대통령의 깜짝 참가로 언론의 시선이 우크라이나 정세에 집중됐지만, 일본에게 있어 최대의 문제 국가는 중국이었다. 그런데 20일에 앞당겨 발표된 정상선언은 중국에 대한 대항은커녕 유화적인 색채가 짙게 깔려 있었다.

정상선언은 '셰르파(사전준비를 위한 정상의 대리인)'라고 불리는 외교관료들이 미리 서로 짜맞춘 작문집과 같은 것이지만, 당연히 의장국의 의향이 크게 반영된다. 즉 히로시마 정상회담은 일본, 정확하게는 일본의 셰르파가 선언을 주도했을 것이다. 5월 21일 NHK「일요토론」방송에는 전직 외무성 관료가 두 명이나 등장해 선언문을 자랑스러운 얼굴로 자찬했다.

해당 선언문서에 특히 열쇠가 되는 중국에 대해서는 어떻게 쓰여 있을까? 총리관저 홈페이지에 그 영문판이 게재되어 있다. 항목 수가 66개, 총 40페이지에 이르는 장문이다. 그러나 길다고 좋은 것은 아니다. 이런 종류의 문서가 길면 대개 작문의 나열에 불과한 뿐 짜임새는 떨어진다.

한 장 한 장 페이지를 넘기다 보면 마지막 분야에 해당하는 51~52번 항목 '지역 정세'에 중국에 관한 내용이 나온다.

주요 내용은 다음과 같다.

>> 우리는 중국과 솔직하게 관여하고 중국에 대한 우려를 직접적으로 표명하는 것의 중요성을 인정하면서 중국과의 건설적이고 안정적인 관계를 구축할 준비가 되어 있다. 국제사회에서 중국의 역할과 경제 규모를 고려할 때, 글로벌 과제와

공동의 이익 분야에서 중국과 협력하는 것이 필요하다.

» 우리의 정책적 접근은 중국에 손해를 끼칠 목적이 아니며, 중국의 경제적 진보와 발전을 방해하려는 것도 아니다. (중국과) 분단하려 하거나 내향적(자국 중심적)이지 않다.

» 우리는 세계 경제를 왜곡하는 중국의 비시장적 정책과 관행이 초래하는 과제에 대처하고자 한다. 또한 불법적인 기술 이전, 데이터 유출과 같은 악의적인 행위에 대응한다.

» 우리는 경제적 위협에 대한 회복력을 키운다. 안보를 위협하는 데 이용될 가능성이 있는 특정 첨단기술을 보호할 필요성을 인식하고 있다.

*저자 주: 이 부분은 중국을 지목한 것은 아니다.

» 우리는 동중국해와 남중국해의 상황에 대해 지속적으로 심각한 우려를 가지고 있으며, 힘이나 강제에 의해 현 상황을 일방적으로 변경하려는 어떠한 시도에도 강력히 반대한다. 양안 문제의 평화적 해결을 바란다.

» 강제노동이 큰 문제가 되고 있는 티베트와 신장위구르 자치구를 포함한 중국의 인권 상황에 대해 계속된 우려를 표명한다. 우리는 중국이 홍콩의 권리, 자유, 고도의 자치권을 명시한 영중공동선언과 홍콩기본법에 따른 약속을 지킬 것을 원한다.

이상 정리해 보면, 이 선언은 상대국을 위협하는 독재자 시진핑에 대한 러브콜로 볼 수 있다.

그동안 "중국과 솔직하게 관여"하고, "중국과 건설적이고 안정적인 관계를 구축"한 결과 "중국의 경제적 진보와 발전"을 뒷받침해 왔지만, 중국은 "비시장적 정책과 관행" 그리고 "불법적인 기술 이전과 데이터 유출과 같은 악의적인 행위"를 제멋대로 해 온 것이 아닌가? 그 결과 서방은 중요한 서플라이 체인(글로벌 상품 공급망)에서 중국에 과도하게 의존하여 "경제적 위협"에 노출되어 있다.

티베트, 신장위구르 강제노동, 인권 문제, 홍콩의 자유와 자치 파괴, 그리고 대만 문제는 공염불이나 다름없어 이번 선언문은 과거의 G7 선언문을 반복한 것에 불과하다.

2018년 6월 캐나다 퀘벡에서 열린 샤를부아 G7 정상회담이 떠오른다. 그 당시 미국은 트럼프 행정부였는데, 통상 주창하던 '아메리카 퍼스트(미국우선주의)' 정책이 유럽 G7 정상들의 반발을 사서 중국에 대한 대응의 발걸음이 맞지 않았다. 그러나 미국의 강한 주장으로 "시장지향적이지 않은 정책과 관행 및 강제적인 기술 이전, 그리고 사이버 해킹 등의 부적절한 행위로부터 지적재산권 보호", "시장 왜곡적인 산업보조금 및 국유기업에 의한 무역 왜곡적 행위", "철강 과잉 생산능력"을 문제시하고, 새롭고 강력한 국제 룰을 구축할 필요성을 강조했다. 구체적으로 지칭하지는 않았지만 그 표적은 중국이었다.

트럼프 행정부는 그다음 달 19일에 발표한 보고서 "미국과 세계의 기술 및 지식재산을 위협하는 중국의 경제 침략"에 따라 G7 정상회담의 방향을 사상 처음 '중국'으로 전환시킨다. 중국을 서방 세계에 편입시키자는 미국의 전통적인 '관여engagement' 노선은 폐기되고, 트럼프 행정부는 중국의 위협에 대항하는 리더가 되었다.

그런데 히로시마 정상회의에서는 다시 "관여"라는 용어가 동사형으로 사용되었다. "분단"이나 "내향"이라는 단어는 일본을 포함한 서방 언론과 바이든 행정부가 트럼프 노선을 비판할 때 항상 쓰는 표현이다. 즉, 히로시마 정상회담은 2018년 이전으로 대중 정책을 되돌리겠다는 의미가 담긴 것으로 볼 수 있다.

기시다 총리와 비서실 및 외무 관료들은 일부러 피폭지인 히로시마를 무대로 하여 G7 정상들을 중국과의 유화로 이끌겠다는 바이든 대통령의 의도를 따랐다.

젤렌스키 대통령까지 뒤늦게 합류한 정상회담이었지만, 대러시아 경제 제재를 강화하기로 합의했을 뿐 그 내용은 빈약했다. 무엇보다 가장 큰 문제는 중국의 대러 경제·금융 지원인데, G7 선언에는 이에 대한 언급이 전혀 없었다. 서방 세계는 중국의 거대한 존재감에 압도당하고 있었다.

G7 선언을 본 쑨웨이둥孫衛東 중국 외교부 부부장은 타루미 히데오垂秀夫 주중일본대사를 불러 "의장국인 일본이 관계국과 함께 중국을 비방하고 내정 간섭을 했다. 단호히 반대한다"며 "미국은 국제 질서를 파괴하고 세계 경제를 혼란에 빠뜨릴 수 있는 가장 큰 리스크"라고 항의했다.

시진핑은 미일 정상 등의 대중 유화 유도를 서방의 약점으로 간주하고 점점 더 확대할 것이다.

미국에서는 2024년 가을의 대통령 선거를 위한 전초전이 시작됐다. 대중 금융 제재를 해제하면 안 된다는 강경파가 많은 공화당이 중국에 유화적인 바이든 대통령을 비롯한 민주당으로부터의 정권 탈환을 노리고 있다.

부활을 노리는 트럼프 전 대통령과 젊은 디샌티스 플로리다 주지사, 이들 중 누가 공화당 후보로 결정될지 아직 알 수 없지만 세계 패권을 둘러싼 미중 대립은 끝없이 계속될 것이다.

제1장

무역전쟁에서
통화전쟁으로

탈달러화의 포석을 놓는 시진핑

중국의 대외팽창주의를 막으려는 패권국 미국. 양국의 대립 구도는 마치 '백년전쟁'을 떠올리게 한다. 백년전쟁이란 원래 1337년부터 1453년까지 영국과 프랑스 사이의 116년간의 대립 상태를 말하는 것이지만, 전쟁 상태는 간헐적이었고 때로는 휴전 상태였기 때문에 내내 전투를 벌인 것은 아니었다. 양국이 모두 전쟁비용 조달 등의 약점을 안고 있었기 때문이다.

미중 모두 내부적으로 약점을 가지고 있는 만큼, 중세의 영국과 프랑스처럼 미중 통화전쟁도 종종 휴전을 한다. 하지만 패권 다툼이라는 근본적인 대립 구조가 해소되지는 않을 것이다.

미중 간 싸움은 위협과 타협, 기만과 회유의 반복이다. 이 싸움의 흐름은 무역으로 시작하지만, 그 밑바탕에는 상품·첨단기술·에너지가 복잡하게 얽히고설켜 혼연일체가 되어 있는 것처럼 보인다. 하지만 진정한 핵심은 '통화'라는 것을 미중 양국의 정상은 간파하고 있다. 통화야말로

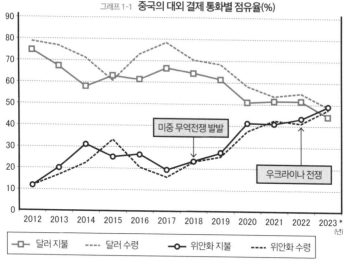

그래프 1-1 **중국의 대외 결제 통화별 점유율(%)**

데이터: 중국외환관리국, CEIC[1] *매년 3월 시점, 다만 2023년 미 국채 보유는 2월 시점

모든 것을 아우르는 국가의 생명줄이다. 미중 무역전쟁의 경과를 살펴보기 전에 먼저 그래프 1-1을 살펴보자.

중국의 무역, 투자 등 대외 결제에 사용되는 위안화와 달러의 비율 추이를 보면, 2023년 3월 시점에서의 지불은 위안화가 49%로 44%인 달러를 앞질렀다. 수령은 위안화 47%, 달러 48%로 거의 팽팽히 맞서고 있다. 중국은 2018년 미중 무역전쟁 발발을 계기로 대외 자금 결제의 탈달러화에 본격적으로 나섰으며, 2022년 2월 러시아의 우크라이나 침공이 시작되면서 결제 통화의 탈달러화를 가속화하고 있다. 우크라이나 전쟁 발

---

1 글로벌 거시경제 및 산업 데이터 제공 업체.

발 후 시진핑 주석과 그 측근들의 탈달러 외교에 대한 집착은 눈이 휘둥그레질 정도이다.

먼저 시진핑은 2022년 12월 7일부터 10일까지 사우디아라비아를 방문해 살만 국왕과 무함마드 빈 살만 왕세자를 만나 '포괄적전략동반자관계협정'을 체결했다. 이 협정의 핵심은 IT 분야를 중심으로 한 첨단기술 협력으로, 사우디는 중국의 화웨이와 협력양해각서를 체결했다. 이에 따라 사우디 내 도시에서의 클라우드 컴퓨팅Cloud Computing[2]과 첨단기술 복합단지 건설을 화웨이가 맡게 되었다. 미국이 화웨이를 안보상 위협으로 간주하여 미국 시장에서 퇴출시키고, 화웨이에 대한 금수조치를 단행한 지 얼마 되지 않은 시점이었다. (제8장 참조) 미국은 일본과 유럽, 나아가 걸프 지역 국가들에도 퇴출 동참을 촉구하는 상황이었는데, 중국이 사우디를 포섭한 것이다.

시진핑의 더 큰 목표는 석유 위안화 거래이다. 시진핑은 12월 9일 중국-걸프협력회의(GCC) 정상회담에서 석유와 천연가스 무역의 위안화 결제를 추진하겠다고 밝혔으며, 이에 대한 결제 플랫폼으로서 상하이 석유천연가스거래소를 "최대한 활용하겠다"고 밝혔다.

그렇다면 왜 석유 비달러화가 미국의 패권을 무너뜨리는 것일까?

달러는 1971년 8월 닉슨 선언으로 금과의 연결고리를 끊은 이후에도 세계 기축통화로서의 위치를 계속 유지하고 있다. 1973년에 변동환율제

---

2 인터넷상의 서버를 통하여 IT 관련 서비스를 한 번에 사용할 수 있는 컴퓨팅 환경.

로 전환한 달러는 종이 화폐, 즉 종잇조각이 되었지만, 석유는 그 신용을 유지하는 닻이 되었다. 1974년, 키신저 미국 국무장관이 사우디 수도 리야드를 방문하여 파흐드 왕세자와 회담했을 때 '워싱턴 리야드 밀약'이라고도 불리는 비밀 합의가 이루어졌다. 사우디는 모든 국가에 대한 석유 판매를 달러로 하겠다고 약속하고, 미국은 그 대가로 사우디 왕가의 보호와 국가 안보를 책임지기로 했다.

세계 최대의 석유 수출국이자 OPEC의 맹주가 석유 거래를 달러로 한정함으로써, 석유와 같은 탄화수소인 천연가스의 국제 시세도 모두 달러로 책정되었고, 당시 소련도 석유 수출은 달러로 맞출 수밖에 없었다. 구소련은 1980년대 미국 레이건 정권의 고금리정책으로 대폭 하락한 석유 가격 때문에 재정난에 빠져 결국 체제 붕괴로 내몰렸다. 러시아 전문가이자 작가인 사토 마사루 씨가 고르바초프 전 소련 공산당 서기장에게 소련 붕괴의 원인에 대해 묻자 "사우디아라비아를 몰랐기 때문이다"라고 답했다고 한다.

푸틴 대통령은 이 페트로 달러의 교훈을 분명히 알고 있으며, 러시아산 석유와 천연가스의 비달러 결제를 우크라이나 전쟁 이전부터 시도해왔다. 시진핑과 푸틴은 탈달러로 서로 통하는 사이이다.

그런데 2023년에 갑작스러운 드라마가 전개되었다. 본서 집필 시점인 5월을 기준으로 그 내용을 정리해 보면 다음과 같다. 이후의 전개에 따라 사례는 더욱 누적될 것이지만, 아래의 사례는 앞으로의 현상을 읽을 수 있는 중요한 단서가 될 것이다.

» 2023년 1월, 사우디아라비아 재무부가 달러 이외의 통화로 무역 결제를 논의할 것이라고 밝혔다.

» 2월에는 이라크 중앙은행이 대중 무역에서 위안화 결제를 허용할 것이라고 발표했다.

» 탈달러 움직임은 3월에 더욱 고조되었다. 중국 수출입은행과 사우디아라비아 국립은행이 위안화 기준 국제융자협력에 착수했다.

» 아세안(ASEAN)[3] 회원국 재무부·중앙은행 총재회의는 중국의 힘이 작용하여 역내 각국이 무역과 투자에서 자국 통화를 사용하는 것을 논의했다.

» 사우디아라비아 정부가 상하이협력기구 가입을 결정. 중국과 브라질이 위안화 및 브라질 통화 헤알의 무역·금융 거래 개시에 합의했다.

» 중국의 상하이 석유천연가스거래소는 위안화 기준으로는 최초로 액화천연가스 거래 결제가 중국해양석유(CNOOC)와 프랑스 에너지 대기업인 토탈에너지와의 사이에서 완료되었다고 발표했다. 이 액화천연가스는 아랍에미리트(UAE)산이다.

» 4월에는 러시아의 알렉산드르 바바코프 하원 부의장이 BRICS(브라질·러시아·

---

3 Association of South-East Asian Nations(동남아시아국가연합)의 약칭으로, 필리핀·말레이시아·싱가포르·인도네시아·태국·브루나이·베트남·라오스·미얀마·캄보디아 총 10개 회원국이 있다. 동남아 지역의 경제·문화 발전과 과학기술·식량·에너지·안전 보장 등에 대한 협력이 주요 목표다.

인도·중국·남아프리카공화국) 공통 통화 구상을 제안. 이어 브라질의 룰라 대통령은 방문지인 스페인에서 연설을 통해 "유럽 국가들이 유로화를 창설했듯이 BRICS 내에 이들 국가의 무역통화를 창설하는 것을 지지한다"고 밝혔다. 룰라 대통령은 미국 달러에 대한 의존도를 줄이고 싶다는 생각으로, 남미 국가들의 공통 통화 창설안에도 지지를 표명했다.

이처럼 글로벌 사우스를 중심으로 한 탈달러 기류가 중국 주도로 확산되고 있다. 미중 통화전쟁의 서막이 된 미중 무역전쟁의 전야로 거슬러 올라가보자.

트럼프 행정부의 대중 화해정책 종언

2017년 1월에 출범한 트럼프 행정부는 새로운 국내 정책의 핵심인 의료보험제도(오바마케어) 개혁 대체 법안을 철회해야 하는 등 시작부터 난관에 부딪혔다. 그 상황을 만회할 수 있는 유일한 방법은 무역 등 대외 정책뿐이었고, 정부는 무역과 군사 양면에서 대중 강경책을 쏟아냈다.

트럼프 행정부가 무역전쟁을 일으킨 것은 그동안 역대 미국 정권이 계속해온 대중 포용 노선의 종언을 의미한다.

클린턴, 부시, 오바마까지 역대 미국 행정부는 중국을 상품과 돈의 글로벌화에 편입시켜 포용하는 것이 세계 경제에 성장과 안정을 가져올 것으로 판단했다. 2001년에는 중국을 세계무역기구(WTO)에 가입시키는 등 융화를 기조로 하는 대중 관여정책을 취했다.

2012년 가을 당 총서기에 취임한 시진핑은 미국의 대중 유화정책을 활용하여 기업에 대한 당의 지배와 첨단산업에 대한 국가 지원을 강화하고, 중국에 진출한 외국 기업이 첨단기술을 제공하게 했다. 그 결과 중국은 산업 경쟁력을 높이고 경제력 성장에 힘입어 군사적으로도 미국에 도전하게 되었다. 트럼프 행정부는 이를 위협으로 간주했다.

2017년 2월 말, 미국 상무장관에 취임한 윌버 로스는 중국을 "가장 보호주의적"이라고 지목하며 "준비가 되는 대로 구체적인 대중 정책을 발표할 것"이라고 밝혔다. 트럼프 대통령은 국방비의 전년 대비 10% 증액 방침을 의회에 제시했다.

3월 1일에 백악관은 세계무역기구의 규칙에 따른 제한에 구애받지 않고 미국 통상법 보복 조항(301조)을 발동할 수 있는 "2017년 대통령 통상정책"을 발표하고, 3일에는 중국의 철강 제품에 대한 제재 관세를 결정했다. 이들은 대통령 직속 신설 기관인 국가무역위원회(NTC)의 피터 나바로 위원장이 작성 중인 통상·통화와 군사 전반에 걸친 대중 강경책의 예고편이었다.

3월 5일 베이징에서 열린 전인대는 공산당의 제안을 국가 정책으로 승인했다. 시진핑 정권은 군사비 예산을 늘리겠다고 했지만, 군비 확장 예산을 뒷받침해야 하는 경제력에 대한 불안감이 감돌았다. 경제성장률 목표가 6.5% 안팎으로 하락하는 가운데 국내총생산(GDP)의 10%에 가까운 자금이 해외로 유출되고 있었기 때문이다.

1980년대 레이건 대통령은 아프가니스탄 침공 등 대외팽창정책을 펼치는 소련에 맞서 전략방위구상(통칭 '스타워즈 계획'[4])을 내놓는 동시에 고금리·달러화 강세 정책을 취해 유가를 몇 년 만에 3분의 1로 급락시켰다. 국가 수입을 에너지 수출에 의존하는 소련은 군비 경쟁을 견뎌내지 못하고 약화되어 1990년대 초 붕괴되었다.

트럼프 행정부 역시 중국의 약점을 확실히 공략했다. 무역 제재는 대미 수출에만 타격을 주는 것이 아니다. 미 증시 상승과 연방준비제도이사회(연준)의 금리 인상은 중국으로부터의 자본도피[5]까지 촉진한다.

인민은행이 위안화 방어를 위해 외환준비금을 축소한 바, 3조 달러 미만의 외환보유액은 중국의 대외부채 4.7조 달러를 크게 밑돌아 중국은 사실상 대외채무국으로 전락했다. 아시아인프라투자은행(AIIB)을 주도하여 전 아시아를 베이징의 영향력 아래 두려는 당시의 계획은 위태로운 상황에 처했다.

미국 대통령 선거에서 트럼프가 승리한 2016년 가을부터의 미국 주가 상승은 '트럼프 랠리'라고 불렸다. 트럼프의 인프라 투자, 법인세 감세 노선 선점에 따른 것이라는 견해였지만 실제로는 중국에서 도피해 온 자금에 의해 주가가 급등한 것으로 보인다.

중국으로부터의 자금 유출액은 2017년 12월 2,895억 달러(동년 10~12월 합계액)에 달했다. 반년 전 1,508억 달러(같은 해 4~12월까지 총액)에서 2배로

---

4 소련의 대륙간탄도미사일의 위협에 대한 대책으로서 미국 본토를 향해 날아오는 미사일을 대기권 밖에서 파괴하는 구상.

5 자국 통화의 가치가 하락할 염려가 있거나 외화 환전이 제한 또는 금지될 염려가 있을 때 통화 가치가 보다 안정되어 있는 외화 자금으로 바꾸어 국외로 유출하는 행위.

늘어났다. 이 기간 미국 주가는 거의 1,200달러까지 상승했다. 트럼프 행정부는 의도치 않게 중국의 머니 파워를 빨아들인 것이다.

중국 정부는 자금 유출과 위안화 폭락을 막기 위해 여행자의 해외 싹쓸이쇼핑 금지 등의 대책을 내놓았지만, 그런 정도의 소극적 대책으로는 대응할 수 없었다. 금융을 긴축하면 국내 경기가 지탱되지 않는다. 그 반대로 은행 대출을 급증시켜 부동산 시장 부양과 지방정부의 인프라 투자 지원에 안간힘을 썼지만, 그 결과로 지방정부와 기업 부채의 팽창, 즉 위안화 버블이 되어 폭락의 불안이 뒤따랐다.

시진핑은 2017년 1월 세계경제포럼(일명 '다보스 포럼')에서 트럼프의 강경책을 염두에 두고 "보호주의를 추구하는 것은 어두운 방에 갇혀 있는 것과 같다"고 일침을 가했다. 실제로는 중국이야말로 관세-비관세 양면의 무역장벽을 쌓고 있는 나라다. 시장은 공산당 관료들의 재량에 따라 움직이므로 불투명하기 짝이 없다.

트럼프는 '공정무역'이라는 명목으로 고관세 제재를 휘둘렀기 때문에 '보호무역주의자'라는 꼬리표가 붙어 있지만, 미국이 공정하고 투명도 높은 자유시장국가라는 점은 현실 세계의 누구라도 인정할 것이다. 2017년 4월 트럼프는 동년 2월에 아베 신조 총리를 초청했던 플로리다의 별장 마라라고에서 시진핑과 회담을 가졌다. 말하자면 서로 속이는 포커 게임이다.

중국은 세계 최대 수출대국이고, 미국은 최대 수입국이다. 중국이 수출을 꾸준히 늘리고 수입은 줄이고 있는 반면 미국은 수출과 수입 모두

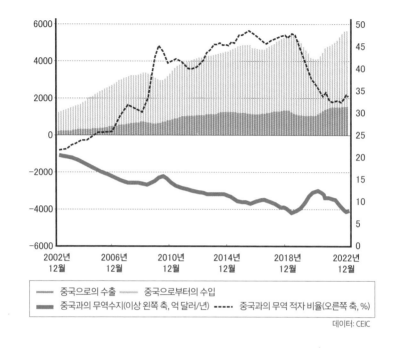

증가하고 있지만 수입이 압도적으로 많다. (그래프 1-2 참조) 중국은 전형적인 중상주의 국가임이 분명하며, 이를 감추려고도 하지 않고 "중국은 문호를 계속 열어두고 닫지 않을 것"(다보스 포럼에서 시진핑의 발언)이라고 뻔뻔하게 말했다.

미중 무역전쟁의 신호탄

미중 무역 협상은 2018년 5월 초 베이징에서 최초로 시작되었다. 미국은 2018년 6월 1일부터 12개월 동안 대미 무역수지 흑자를 1,000억 달러, 그리고 2019년 6월 1일부터 12개월 동안 1,000억 달러를 추가로 감축할 것을 중국에 요구했다. 이 밖에도 지적재산권 침해와 첨단기술 제공 중단 등으로 중국을 압박했다.

이어진 워싱턴에서의 2차 회담에서 중국은 흑자 감축 목표는 전면 거부했지만, 농산물과 에너지 등의 수입 확대 의사를 밝혔다. 미국은 일단 대중 제재 관세 적용을 보류했다.

무엇이 쟁점인가? 그래프 1-3은 2022년 12월까지의 중국의 국제수지와 미중 무역수지를 보여준다.

중국은 수출을 통해 막대한 경상수지 흑자를 창출해 왔다. 여기에 더해 미·일·유럽 등 해외 기업의 대중 투자로 외화가 유입되었다. 공산당 통제하에 있는 발권은행인 인민은행은 외화를 흡수하여 외화준비금으로 사용하고, 외준 증가에 상응하는 위안화를 발행하여 상업은행을 통해 대출을 확대시켰다. 이 통화금융모델이 효과를 발휘하여 고도 성장을 실현해 왔다.

특히 2008년 9월의 리먼 쇼크는 중국의 팽창을 촉발시킨 계기가 되었다. 미 연준은 5년간 달러 발행액을 4배, 3조 달러 이상 늘렸다. 중국에는 무역수지 흑자와 해외 투자를 통해 거의 같은 액수의 달러가 유입되었고, 인민은행은 미국과 같은 속도로 금융 양적완화를 실시하면서, 두 자

그래프 1-3 **미국의 대중 무역 적자와 중국의 국제수지(억 달러)**

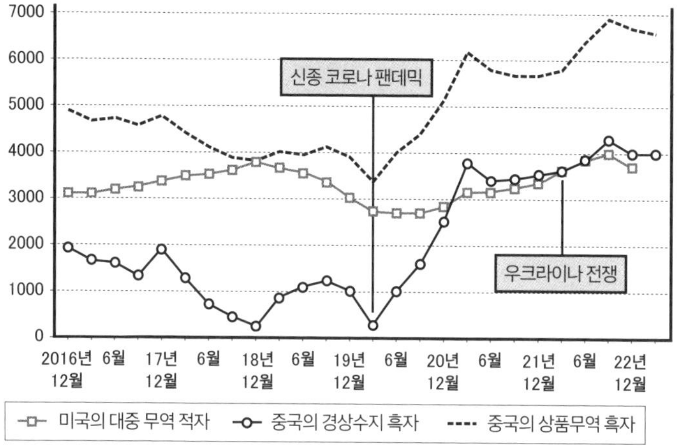

데이터: CEIC

릿수 경제성장률을 회복했다.

　중국은 금융 팽창에 맞춰 군비 확장을 가속화했고, 2012년 취임한 시진핑은 2014년 11월 일대일로 구상을 내놓았다. 동남아시아 각국과의 사전협의 없이 난사군도南沙群島[6]를 매립하는 억지스러운 영토 확장책을 뒷받침하는 것도 머니 파워다.

　유입되는 외화야말로 경제·군사적 팽창의 원동력이지만, 중국은 치명적이라고 할 수 있을 만큼 취약한 구조를 내포하고 있다. 그래프 1-3에

---

6 남중국해의 보르네오섬 북쪽에 있는 대부분 암초로 이루어진 군도. 국제법상 섬으로 인정받지 못하는 이곳 암초에 중국은 인공섬을 만들고 자국 영토라 주장하고 있다.

서 알 수 있듯이, 상품무역수지 흑자는 해외 이자·배당금·특허료 지불 등을 반영한 경상수지 흑자를 일관되게 상회한다. 대미 무역에서 막대한 흑자를 내지 못하면 중국은 화폐 발행도, 금융 확대도 할 수 없다.

당시 트럼프 행정부가 이러한 중국 경제모델의 결함을 공격하려는 정치적 의도가 있었는지는 불분명하지만, 미국 측 통계에 따르면 2017년 3,750억 달러에 달했던 미국의 대중 무역 적자를 2,000억 달러 줄여야 한다고 압박했다.

중국의 경상수지 흑자 폭은 2017년부터 축소되기 시작하여 2018년에는 241억 달러로 급감했다. 단순 계산으로, 대미 상품무역 흑자가 2,000억 달러 감소하면 중국의 경상수지는 큰 폭의 적자로 전환되고 시진핑 정권의 대외팽창 전략은 무너지게 된다.

그러나 2020년 초 중국 우한에서 시작된 신종 코로나바이러스의 세계적 대유행이 발생한 이후, 대미 수출을 포함한 중국의 수출이 증가세로 돌아서면서 2022년 중국의 경상수지 흑자 규모는 4,018억 달러, 미국의 대중 무역 적자는 3,709억 달러로 원위치로 돌아가게 되었다.

중국이 공산당 정권의 강제력을 발동하여 신종 코로나 사태를 빠르게 진압하는 데 성공한 후 공장을 재가동하고 생산 활동이 중단된 미국 등 전 세계에 수출 공세를 펼친 것이다.

중국의 자금력 자체는 겉보기에만 그럴싸하고 실제로는 취약하다. 외환보유액은 3조 달러를 넘어 세계에서 단연 최대 규모이지만, 그 구조는 바닥을 기고 있다. 외국 기업의 직접투자, 해외 시장에서의 채권 발행,

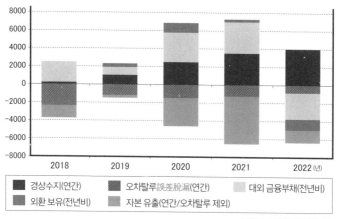

그래프 1-4 **중국의 자본 유출과 대외부채(억 달러)**

■ 경상수지(연간)	▨ 오차탈루誤差脫漏(연간)
■ 외환 보유(전년비)	▨ 자본 유출(연간/오차탈루 제외)
■ 대외 금융부채(전년비)	

데이터: CEIC, 중국환전관리국

은행 차입금 등 부채로 들어오는 외화도 인민은행이 최종적으로 흡수하여 외환보유액으로 계산되기 때문이다. 그래프 1-4가 보여주듯이, 부채 증가액은 외환보유액의 추가분을 훨씬 초과하고 있다. 무역 등의 경상흑자에 더해 부채도 크게 증가하고 있지만, 외환보유액은 전년을 간신히 상회하는 정도이다. 이는 중국에서 거액의 자본도피가 끊이지 않기 때문이다.

2015년 기준 자본도피 규모는 연간 1조 달러에 달한다. 5장에서 자세히 설명하겠지만, 당국이 수출 경쟁력 강화를 위해 단행한 위안화 평가절하를 꺼려한 중국 내 투자자와 부유층이 암거래 루트와 가상화폐인 비트코인을 통해 자금을 해외로 옮겼기 때문이다. 이후 당국이 위안화 환율을 다소 높게 유도해서 자본도피가 줄었다고는 하나, 2022년에도 2,000억 달러 안팎의 수준에 이른다. 이렇게 어려운 외환 상황에서 시진핑 정권이 2,000억 달러의 상품무역 흑자 감축에 절대 응할 리 없다.

앞으로 몇 년 혹은 몇십 년간 미국이 중국의 위협 확대를 막는 가장 효과적인 방법이 중국의 대미 흑자 대폭 감축이라는 것은 불 보듯 뻔한 일이지만, 중국공산당 정권은 사활이 걸린 문제이므로 이를 피하려 다양한 권모술수를 시도할 것이다.

트럼프 vs 시진핑의 무역전쟁 경위

2018년 7월, 미중 관계는 무역으로 제재와 보복을 주고받는 무역전쟁으로 발전했다. 트럼프 행정부는 같은 해 5월 중국에 대해 미국의 대중 무역 적자 2,000억 달러 감축, 첨단기술에 대한 보조금 중단, 미국 기업에 대한 기술 이전 강요 중단, 지적재산권의 보호 강화를 강력히 요구했다. 이후 트럼프 행정부는 중국의 양보를 이끌어내기 위해 4단계로 나누어 관세를 인상했다.

막대한 대중 무역 적자 해소는 트럼프 행정부뿐만 아니라 미 의회의 당파를 초월한 컨센서스이다. 이것은 무역의 범위를 넘어 군사·안보적 위기감과 일체화되어 있다. 선봉은 트럼프 행정부가 맡았다. 달러를 주지 않기 위해 대중 무역 적자 감축 요구에 그치지 않고, 중국 기업의 미국 증시 상장을 제한하고, 시장에서의 막대한 자금 조달을 억제했다.

트럼프 대통령의 대중 무역정책의 골격을 만든 피터 나바로 무역제조업정책국장은 저서『웅크린 호랑이_중국은 어떻게 세계를 지배하려 하는가』에서 "우리는 중국 제품을 살 때마다 중국의 군사력 증강에 도움을 주고 있다"고 말하며, 중국의 대미 무역 흑자를 군비 증강과 연결시켜 논하고 "중국에게 자국 통화 조작을 허용하면 중국은 예산 유보를 늘리고 그 돈으로 미국을 타격할 무기 시스템을 외국에서 사온다. 이는 매년 일어나는 일이다"라는 미국 전문가의 견해를 소개했다.

2020년 1월 1단계 합의에 도달하며 미중 무역전쟁은 일단 '일시 휴전'이 된 형국이나, 미국은 중국산 수입품 75%에 관세를 부과한 상태이고, 중국도 대미 보복 관세를 철회하지 않았다.

트럼프 행정부는 중국산 수입품의 약 70%에 제재 관세를 부과했고 중국 제품에 대한 미국의 평균 관세율을 3.1%에서 21%로 인상했다. 2021년 1월 출범한 바이든 정부도 이를 그대로 유지하고 있다. 중국도 보복 조치로서 관세를 비슷한 수준으로 인상한 상태이며, 미국이 요구하는 산업정책의 수정은 계속 거부하고 있다.

1단계 합의에는 2년간 중국이 미국 제품 수입을 약 1.5배 증가한 2,000억 달러로 늘리는 내용이 포함되어 있고, 중국 정부는 또한 지적재산권 보호 강화, 외국 기업에 대한 기술 이전 강요 금지, 증권 및 보험회사의 외국 투자 규제 철폐 등도 약속했다.

미국은 중국산 수입품에 대한 제재 관세를 그대로 유지하면서, 화웨이 등에 대한 첨단기술 금수조치 완화는 거부했다. 미국은 중국의 환율조작국 지정을 해제했지만, 중국은 위안화 평가절하를 자제하는 식이다. 합의 내용만 보면 미국우선주의를 내건 트럼프 미국의 승리인 듯했다.

서방이 발맞추지 못하고 언론은 트럼프 비판 일색

중국이 수용한 지적재산권 및 기술 보존, 증권 및 보험회사의 투자 규제 완화는 미국 외의 외국자본에도 적용된다. 특히 중국의 기술 제공 강요, 지재권 침해 등으로 어쩔 수 없이 당해 왔던 일본 기업들에게도 좋은 소식이 될 것이며, 무엇보다도 중국을 둘러싼 공정무역에 대한 일보전진이다.

그러나 일본과 유럽의 대다수 언론은 트럼프 행정부의 대중 무역 강경책을 보호무역주의로 규정, 중국이 대미 수입을 대폭 늘리면 세계 무역 질서가 혼란에 빠질 것이라고 목소리를 높였다. 서방은 여론전에서 중국의 의도에 걸려들고 만 것이다.

시진핑은 국제 여론에 대해 선제적 대응을 했다. 2017년 1월 스위스에서 열린 세계경제포럼 연차총회에 참석하여 연설 첫머리에 "경제의 글로벌화는 세계 경제 성장에 강력한 힘을 실어주었다"고 단언했다. 또 "보호무역주의는 어두운 방에 스스로를 가두는 것과 같다"며 당시 트럼프가 취임 직전에 내걸었던 미국우선주의와 뚜렷한 대조를 이루며 포럼 참가자들의 환호를 받았다.

많은 서방 언론이 비판하는 대상은 오로지 무역전쟁을 먼저 일으킨 트럼프 행정부였다. 특히 유럽은 미중 무역전쟁이 발발하기 전부터 트럼프 행정부의 미국우선주의를 비난했다. 그 탓에 자유무역 규칙 위반의 백화점이라 불러야 할 중국을 옹호하는 아이러니한 결과를 낳고 말았다.

영국 『파이낸셜타임스』의 영향력 있는 칼럼니스트 마틴 울프는 트럼프의 대중 강경책에 대해 "미국이 구축해온 무역 체제를 뒷받침하는 비차별주의, 다자간 협력주의, 시장 규칙 준수 등의 원칙에 위배된다. 미국은 스스로 부끄러워해야 한다"고 격렬히 비난했다. *2018년 5월 9일자 기사.

미국 유력 신문들도 미국의 대중 제재 관세가 미국 산업계에 타격을 줄 것이라고 종종 경고한다. 트럼프는 철강·알루미늄 수입 제한 등으로 동맹국과 우방국까지 공격 대상으로 삼고 있어 "세계를 어지럽히는 미국, 위기에 대응할 수 있을까?"라고 자중을 요구받기도 했다. *2018년 6월 21일자 『월스트리트저널』 기사.

2018년 6월 캐나다에서 열린 샤를부아 G7 정상회담에서는 트럼프가 유럽과 캐나다 정상들과 통상문제로 격렬하게 대립하자 미·일·유럽 언론이 일제히 "G7의 균열"이라고 보도하는 일까지 있었다.

애초에 세계 자유무역 체제는 투명하고 개방된 자유정치 체제를 기반으로 하는 시장경제 국가들 사이에서만 정상적으로 작동하는데, 공산당 독재 체제가 시장을 규제하고 지배하는 중국이 세계 무역 점유율을 높이면 높일수록 더욱 혼란스럽고 지속 불가능해진다. 트럼프 행정부의 미국우선주의는 분명 세계무역기구를 중심으로 한 다자간 무역 규칙의 틀을 벗어나는 것이지만, 중국의 불공정무역을 계속 허용하는 것은 세계 자유무역 체제를 훨씬 더 불안정하게 만드는 일이다.

트럼프가 보호주의적 제재 관세를 수단으로 불공정한 중국에 맞서 자유무역 체제의 결함을 제거할 수 있는 기회였지만, 일본을 비롯한 서방 언론은 트럼프에게 냉담하고 '중국 편애'로 G7의 발맞춤을 제멋대로 흐트러뜨리고 말았다.

트럼프 행정부가 중국에 고율의 관세를 부과할 때마다 언론의 트럼프 비판은 계속됐다. "미국의 고관세정책은 너무 위험하다", "대중 무역전쟁, 트럼프의 패색이 짙다-중국은 세계 각국과의 관계를 강화하고 있지만 미국은 더욱 고립화", 미중 '휴전' 합의가 이뤄져도 "미중 '관리무역' 왜곡되는 세계"라는 식이다. *순서대로 2019년 5월 15일자 『니혼게이자이신문(일본경제신문)』 사설/2019년 8월 20일자 『월스트리트저널』 기고문/2020년 1월 16일자 『니혼게이자이신문』 전자판 기사.

이런 트럼프에 대한 비판을 보면 중국이 트럼프 행정부와의 합의 이행에 진지하게 임할 리 만무하다.

어느 쪽이 이겼을까?

무역전쟁의 경과는, 이 책을 출간한 2023년 시점에서 보면 시진핑 정권의 '판정승'으로 보인다. 대중 무역 적자를 통해 중국 팽창의 원천인 달러를 중국에 넘기지 않겠다는 미국의 강력한 의지는 서플라이 체인을 장악하고 있는 중국에 의해 완벽하게 좌절되고 있다.

미국 무역대표부(USTR)의 중국 무역 관행에 관한 2022년 보고서(2023년 2월 발표)는 국가 보조금, 과잉 생산 능력 방치, 기술 도용 및 이전 강요 등 국가 주도의 비시장적 방법이 줄어들기는커녕 오히려 증가하고 있다고 지적했다. 그리고 그것이 낳은 중상주의가 미국을 비롯한 WTO 회원국 노동자와 기업에 피해를 입히고 있다고 비난했다.

미중 무역 협상 1단계 합의에 대해서도 2020년, 2021년 모두 미국으로부터의 수입량이 증가하지 않아 약속 이행과는 거리가 멀다는 등 여러 문제를 인정할 수밖에 없다. 1974년 통상법 301조에 근거하여 미국이 중국 원산의 수입품에 부과하고 있는 추가 관세는 유지하지만, 보고서에는 "미중 간에 벽을 쌓을 생각은 없다. 설령 그것이 가능하더라도 그것이 중국이 끼치는 문제에 대처하는 방안은 되지 못할 것이다"라고 명시하여, 대중 제재 관세의 추가 인상 등 추가 제재에 대해서는 소극적인 자세를 보였다. 바이든 정권은 대중 상품무역에 관한 한 싸울 의지가 박약한 것이다.

상품의 세계화가 중국을 우세로

미국 측 통계에서 미중 무역 추세를 보면 미국의 대중 무역 적자 규모는 2017년 약 3,363억 달러에서 2022년 3,736억 달러로 늘어났다. 트럼프 행정부가 당시 목표로 삼았던 2,000억 달러 감축 목표를 달성하지 못한 것이다. 2020년에는 코로나 사태라는 무역 외적 요인이 특히 수입 측면에서 작용했지만, 2021년부터 대중 적자는 연간 4,000억 달러에 육박할 기세다.

대중 수출은 2017년 1,300억 달러에서 2022년 1,538억 달러로 238억 달러 증가했지만, 이 역시 1단계 합의의 2,000억 달러 증가 목표의 10% 남짓에 불과하다.

이것은 어디까지나 대중 무역이라는 두 국가 간의 이야기다. 미국의 전체 무역 적자는 2017년 7,995억 달러에서 2021년 1조 1,910억 달러로 늘어난 반면, 미국의 전체 무역 적자에서 중국이 차지하는 비중은 42%에서 2022년 31%까지 떨어졌다.

달러화 중심의 글로벌 무역 체제하에서 중국이 외화를 벌어들이는 원천은 대미 무역에 국한되지 않는다. 중국 측 통계에 따르면, 중국의 전체 무역 흑자는 2018년 3,800억 달러였으나 2020년 5,111억 달러, 2021년 5,627억 달러, 2022년 7,000억 달러를 넘어섰다. 그래프 1-5는 국가 지역별 중국 수출 동향으로 2018년 대비 2022년의 증감률이다. 대미, 대유럽 모두 2021년 이후 늘어나 2022년 하반기에 정점을 찍었는데, 아세안(ASEAN)을 향한 수출은 77%로 가파르게 증가해 미·일·유럽을 압도하고 있다.

외국 기업뿐만 아니라 중국 기업을 포함해 중국 소재 제조업체들이 생산라인 일부를 베트남 등 동남아시아로 이전하고 있다. 대중 고관세 회피, 시진핑 정권의 제로코로나정책, 그리고 미중 관계 악화가 장기화

그래프 1-5 **2018년 대비 2022년 국가 지역별 중국 수출 증감률(%)**

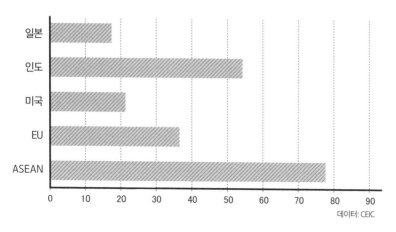

데이터: CEIC

되는 상황에서 오는 리스크를 피하기 위해 제조업이 발달한 아세안 국가, 더 나아가 인도로 이동하고 있는 것이다.

그렇지만 이것이 중국을 중심으로 하는 공급망의 단절이나 공동화空洞化를 의미하는 것은 아니다. 엄청난 수의 부품과 다양한 조립라인을 중국의 생산 거점과 연결해야 할 필요가 있기 때문이다. 베트남이나 인도에서 스마트폰을 조립한다고 해도 중국산 부품이나 재료의 공급에 계속 의존할 수밖에 없다. 그만큼 선전[7]과 그 주변 지역, 더 나아가 양쯔강 삼각주 등에서의 부품 및 재료 생산의 집적도는 다른 아시아 국가들이 따라올 수 없는 정도이다. 이렇게 일부 완제품 생산은 중국에서 주변 아시아로 이동하고, 그곳에서 대미 수출이 증가함과 동시에 중국에서 대아시

---

7 화웨이를 비롯한 각종 IT 기업들이 밀집해 있는 중국의 실리콘밸리.

아 수출이 증가하는 순환이 발생하고 있다.

반면 완성품의 경우 중국에 스마트폰 등의 전자제품과 자동차 등을 저렴하게 만들 수 있는 공장 설비가 많아, 동남아시아 등에 대한 가격 경쟁력이 가까운 미래에 크게 떨어질 가능성은 거의 없다. 중국은 2020년 '역내포괄적경제동반자협정(RCEP)[8]'에 서명하고, 무역관세를 인하하여 경제권 확대를 위한 포석도 깔았다.

중국에서의 대미 수출 또한 증가 추세가 계속되고 있다. 시진핑 정권은 의도하지 않았지만, 미국이 추진한 무역의 글로벌화 파도에 올라타 대미 무역전쟁에 의한 타격을 피하고 있다. 이에 대해 바이든 정권은 대처할 방법이 없다. 미중 무역전쟁의 제1막은 '상품 소비 대국' 미국에 대해 '상품 공급 대국' 중국이 끈질지게 승리를 거두고 있다.

미일 통상 마찰과의 차이점

1980년대부터 90년대 초반까지 미국은 철강·가전제품·자동차·반도체에서 일본과 통상 마찰을 벌였다. 일본은 대미 수출 자율규제 등으로 양보하는 한편, 자동차 산업의 경우 국내 투자보다는 대미 투자를 통해 미국 측의 환심을 사려고 안간힘을 썼다. 그러나 미일 통상 마찰과 1985년 플라자 합의[9]로 인한 엔고(엔화 강세)라는 시련을 이겨내고 1990년대

---

8 아세안 10개국과 한·중·일 3개국, 호주·뉴질랜드 총 15개국이 관세장벽 철폐를 목표로 진행하고 있는 일종의 자유무역협정(FTA).

9 미국 뉴욕의 플라자호텔에서 G5 재무부 장관과 중앙은행 총재가 미국의 무역수지 개선을 위해 외환시장에

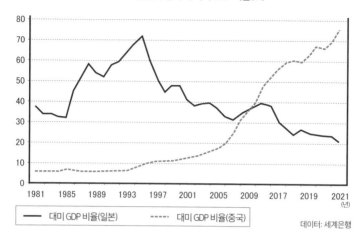

대미 GDP 비율(일본) ----- 대미 GDP 비율(중국)

데이터: 세계은행

전반 GDP가 미국을 따라잡는 기세를 보이자 미국 내에서는 일본을 향한 '일본 이질론異質論'이 높아져 갔다. 일본은 경제 구조가 배타적이고 이질적이기 때문에 봉쇄해야 한다는 것이다.

1993년에 등장한 클린턴 정권은 일본 이질론의 영향을 받아, 막 종결된 미소 냉전(cold war)에 빗대어 일본과는 '차가운 평화(cold peace)'라고 간주하고 '경제 초강대국 일본'에 대한 경계심을 드러냈다. 클린턴 정권은 일본에 관한 경제 전략인 '재팬 페이퍼'를 작성해 반도체 등에서 미국 제품 수입 목표를 강요하는 한편, 초엔고로 환율을 유도해 일본의 무역

개입할 것을 결정한 회의 내용. 엔화와 마르크화를 평가절상하며, 이 조치가 통하지 않을 경우 각국 정부의 외환시장 개입을 통해서라도 미국의 무역수지를 개선시킨다는 내용의 합의.

흑자 반감을 요구했다.

바로 그때 일본에서는 정책적 무無대책으로 '헤이세이 버블 붕괴 불황'이 심각해지면서 1990년대 후반부터 만성적인 디플레이션의 늪에 빠졌다. 일본은 자멸한 모습이었으며, 1995년 미국의 70%를 넘어선 일본의 GDP는 디플레이션과 함께 가파른 내리막길을 걷다가 현재에 이르렀다.

그 일본을 대신해 미국의 GDP를 맹추격하고 있는 나라가 바로 중국이다.

원래 공산당이 지배하고 지휘하는 중국식 시장경제는 이질적인 영역을 넘어선 다른 차원의 세계이지만, 클린턴 행정부 이후 미국 역대 정권은 트럼프의 등장 이전까지는 공산당 정권이 통제하는 중국 경제를 서방의 시장경제와 동일시하며 융화 노선을 취했다.

정당한 시장경제이며 민주주의 국가이자 동맹국인 일본에 대해 봉쇄정책을 취한 것과는 대조적이다. 미국은 진짜 적과 아군을 혼동한 것이다.

지금의 중국은 경제뿐만 아니라 군사적으로도 미국을 위협하고 있다. 그것을 깨달은 트럼프 행정부는 대중 무역전쟁을 일으켰지만, 바이든 정권이 들어서면서 패색이 짙어지고 있다.

미국은 중국을 상품무역 외 분야에서 어떻게 봉쇄하려 하는가? 시진핑의 중국은 이에 대해 어떻게 대처할 것인가? 군사적 직접 충돌 없이 미중 전쟁의 드라마는 계속 이어진다.

제2장

구세주로 등장한
신종 코로나바이러스

코로나 위기가 발판

2019년 말, 미중 양국이 무역전쟁에 대한 1단계 합의에 도달한 지 얼마 지나지 않아 중국 후베이성 우한에서 신종 코로나바이러스 감염증이 기승을 부리기 시작했다. 바이러스 재앙은 '세계의 공장' 중국에서 순식간에 전 세계로 퍼져나갔다. 시진핑 정권은 공황상태에 빠진 서방 세계는 아랑곳하지 않고 강권력을 발동해 국내 감염자 증가를 억제하며 코로나19 전쟁에서의 '승리'를 과시했다. 트럼프 행정부의 대중 무역 강경책으로 경제가 막다른 골목에 다다랐을 시기이다. 중국은 세계의 금융 위기였던 리먼 쇼크에서 가장 빨리 회복해 미국 다음가는 경제대국으로 도약했기에, 코로나 위기도 리먼 쇼크 때와 마찬가지로 중국의 경제 팽창을 가속화하는 발판으로 삼으려는 야심이 뒤따랐다.

그러나 코로나 쇼크 극복을 위한 중국판 비상경제대책은 미·일·유럽에 비해 미약했다. 시진핑 정권의 감세와 사회보장 부담금 경감을 위한 재정 조치는 0.4조 위안에 그쳤으며 나머지는 중소기업을 위한 소액 금융자지원이 중심이었다. 리먼 쇼크 때 4조 위안 규모의 재정지출을 단행했고, 국유 상업은행에 막대한 신규 대출을 실행하게 했던 것에 비하면 시진핑 정권의 코로나 대책 규모는 훨씬 작았다.

그렇기 때문에,라고 해야 할까. 시진핑 정권은 '코로나 공황'에서 가장 빨리 탈출했다고 요란하게 떠들고 '성장 시장'이란 간판을 걸고 전 세계 잉여자금을 끌어들여 리먼 쇼크 이후의 팽창 드라마를 재현하고자 시도했다.

시진핑은 2020년 4월 8일, 두 달 반 만에 우한시 도시 봉쇄를 해제했다. 후베이성 외의 지역은 이보다 앞서 3월 25일 봉쇄를 풀었다. 정보의 은폐와 공작이 상습적인 전체주의 국가의 발표를 그대로 받아들일 수는 없지만, 이 도시를 비롯해 중국 전역의 공장 생산이 점차 정상화되기 시작했다.

상호연결된 미 연준의 양적완화와 위안화 발행

리먼 쇼크 당시 돈의 흐름에 대해 먼저 살펴보자.

리먼 쇼크 이후 중국공산당 중앙은 국유 상업은행에 기존보다 2~3배나 많은 규모의 국유기업 대출을 지시했고, 정부는 인프라 투자에 박차를 가했다. 생산이 크게 위축된 미·일·유럽을 뒤로하고 중국은 두 자릿수의 경제 고도성장 궤도에 복귀했고, 2010년에는 GDP 규모에서 일본을 제치고 미국에 이어 두 번째로 큰 경제대국이 되었다.

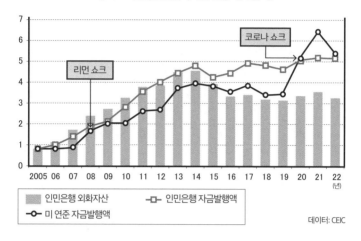

리먼 쇼크

코로나 쇼크

인민은행 외화자산 —□— 인민은행 자금발행액

—○— 미 연준 자금발행액

데이터: CEIC

중국의 고도성장을 뒷받침한 '군자금'은 미 연준의 양적완화에 따라 미국에서 유입된 달러다.

그래프 2-1은 리먼 쇼크 전후, 그리고 코로나 쇼크 당시 달러화 자금과 달러화로 환산한 인민은행의 위안화 자금 발행액 및 인민은행 외화자산과 위안화 자금 발행액 추이이다.

한눈에 보기에도 인민은행은 양적완화와 병행하여 통화를 더 발행해 늘려왔다. 그리고 미 연준이 양적완화정책을 중단한 2015년 이후부터 코로나 쇼크 이전인 2019년까지는 인민은행의 자금 발행도 억제되고 있다. 인민은행이 연준의 양적완화정책을 바짝 따라갈 수 있는 이유는 중국으로의 지속적인 달러 유입에 있다.

중국 경제의 근간을 이루는 통화 및 금융 시스템은 달러 보유고에 의존하고 있다. 인민은행은 달러 자산에 맞춰 위안화를 발행한다. 당 중앙이 중앙은행에 명령하면 위안화를 찍어내고 국유 상업은행을 통해 국유기업과 지방정부에 유입시켜 설비·부동산 개발·인프라에 투자하게 한다. 인민은행은 당의 지침에 따라 위안화 환율을 관리하고 낮게 안정화시켜 제품 수출을 촉진한다.

중국으로 유입되는 외화는 인민은행 자산부로 집중하여 외화준비금에 편성하는 것을 원칙으로 한다. 따라서 인민은행의 외화자산(외화준비금과 거의 같은)이 증가하지 않으면 위안화의 발행을 늘리는 것도 억제할 수밖에 없다.

중국으로의 달러 유입 경로는 크게 외국자본의 대중 투융자와 대외무역수지 흑자로 나뉘는데, 가장 큰 비중을 차지하는 것은 대미 무역수지 흑자다.

2008년부터 2018년까지 대중 무역 적자 누적액은 3.4조 달러, 이 기간 위안화 자금 증가액을 달러로 환산하면 3.5조 달러로 거의 일치한다. 달러 유입량에 따라 위안화를 발행하는 중국 특유의 통화·금융제도는 미국의 금융완화와 자유무역의 혜택을 받아 경제 규모를 마음껏 확대할 수 있었다. 남중국해 해양 진출 등 군비 확장, 확대 중화경제권 구상인 일대일로 대외투자도 달러 자금의 유입이 있었기에 가능했다.

또 하나 간과할 수 없는 것은 달러에 힘입은 중국의 머니 파워가 군비 확장도 뒷받침해 왔다는 점이다.

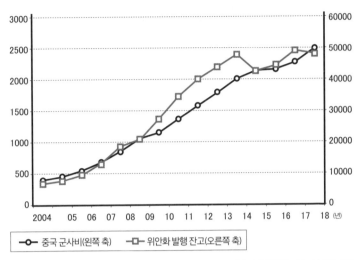

그래프 2-2 **중국의 군사비 지출과 위안화 발행 추이(억 달러)**

중국 군사비(왼쪽 축)   위안화 발행 잔고(오른쪽 축)

데이터: 스톡홀름국제평화연구소(2016년까지), CEIC

그래프 2-2는 중국의 군사비와 위안화 발행 잔액 추이다. 통계학에서 말하는 상관계수(최대값 1을 완전상관관계라고 한다)는 2004년부터 2017년까지 0.97로 사실상 완전상관관계에 가깝고, 2022년까지 포함해도 0.94로 여전히 높은 수준이다. 즉, 위안화를 많이 찍어낼수록 중국은 군비 증강을 가속화해 왔다는 것이다. 그 위안화 자금은 유입되는 달러의 양에 따라 결정된다. 이렇게 보면 미국의 대중 무역전쟁은 중국 국내 경제뿐만 아니라 일대일로라는 대외팽창 전략, 나아가 군비 확장 억제와도 관련이 있다.

트럼프 행정부의 의도를 무너뜨린 신종 코로나

그렇다면 2020년 초 신종 코로나 쇼크 이후 중국의 자금 발행은 어떻게 되었을까?

미 파월 연준 의장은 리먼 쇼크급 뉴욕 증시 폭락 사태가 벌어지자 2020년 3월 15일 제로금리로 무제한 달러 자금을 발행하는 양적완화정책을 단행했다. 그야말로 리먼 쇼크 당시 정책으로의 회귀이며, 심지어 완화 규모는 리먼 사태 때를 능가했다.

한 달 동안에만 1조 달러가 넘는 자금이 추가 공급되었다. 이 달러 자금이 미국에서 넘쳐나서 중국으로 유입되는 것이 시진핑 정권이 바라는 바였을 것이다.

물론 막대한 달러 자금이 기존의 방식대로 중국으로 유출되는 것은 아니다. 특히 미국은 대중 고관세를 유지하며 대중 무역 적자를 줄이려고 했다. 미 공화당 내 대중 강경파는 중국에 달러를 주지 않겠다고 으름장을 놓았다.

하지만 시진핑 정권은 생산과 수출 능력을 유지하고 서방으로부터 투융자를 유치하면 곤경에 빠지지 않는다. 사람도 물건도 공산당 중앙의 지시로 움직일 수 있는 중국의 경우, 생산 재개가 비교적 쉽다. 시 정권의 지시로 우한시의 대규모 반도체 공장은 도시가 봉쇄되어도 쉬지 않았다. '세이의 법칙'에 따르면 공급이 수요를 창출한다. 중국의 경제모델은 바로 여기에 해당한다.

시 정권의 지시에 따라 중국 내 공장에는 노동자들이 복귀하기 시작했고, 미국과 유럽 등이 코로나 패닉에 빠진 3월 중순에는 일본계 자동차 공장도 모두 조업을 재개했다. 하지만 "국내 자동차 수요는 40%에 불과할 정도로 침체되어 있고, 유럽과 미국 등에서의 감염 확대에 따른 전 세계적인 수요 급감 역시 생산 회복에 그림자를 드리우고 있"는 상황으로, 정상화와는 거리가 멀었다. *2020년 3월 30일자 『니혼게이자이신문』 기사.

그렇다면 기존 산업구조가 지속되는 한 외국자본의 대중 투자와 대외 무역수지 흑자에 따른 외화 유입의 길은 좁아질 수밖에 없었는데, 회생책은 '코로나 전쟁 승리'로 세계를 선도하는 것이었다. 이를 세계에 각인시킬 수 있다면 세계 투자자와 기업을 끌어들일 수 있을 것이었다.

코로나로 사람의 이동이 멈추면 대미 수출 등의 부진도 장기화될 우려가 있었지만, 미국 등에서도 역시 생산은 멈춘다. 게다가 트럼프 행정부와 연준은 리먼 쇼크 때보다 몇 배나 더 큰 규모와 속도로 재정지출과 달러 자금 발행량을 확대하며 경기부양책에 나섰다. 게다가 중국은 스마트폰, PC, 마스크, 항생제 등 의약품의 세계 최대 공급원이다. 시진핑 정권은 수출 드라이브를 걸었다. 미국의 높은 관세를 무릅쓰고 수출에 박차를 가했다. (그래프 2-3 참조)

신종 코로나는 중국발 수입을 제한해 미국의 대중 무역 적자를 획기적으로 줄이려던 트럼프 행정부의 의도를 무산시켰다. 코로나19 때는 리먼 쇼크 때와 방식은 달라졌지만 대미 등 수출을 급증시켜 실물경제 회복을 조기에 실현했다.

외국계 금융자본의 거점인 상하이 시장은 불투명하고 규제가 많지만, 위안화 국채를 중심으로 하는 13조 달러 규모의 중국 채권시장은 미국

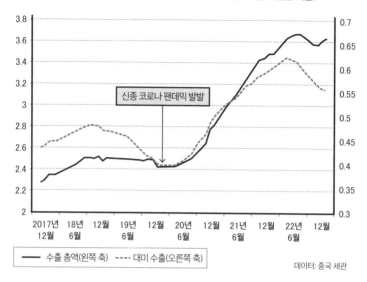

그래프 2-3 **코로나 감염을 딛고 중국의 수출이 급증(억 달러/연간 기준)**

신종 코로나 팬데믹 발발

수출 총액(왼쪽 축) ---- 대미 수출(오른쪽 축)

데이터: 중국 세관

에 이어 세계에서 두 번째로 큰 시장이다. 2020년 4월 16일자 영국 『이코노미스트』에 따르면, 중국 국채 수익률은 5년물이 2.24%이다. 미국의 0.35%, 일본과 유럽의 0.5% 이하보다 훨씬 높아 코로나 쇼크로 세계 금융시장이 요동치는 가운데 중국은 매력적인 대출처가 됐다.

원래 세계의 탐욕스러운 돈에는 국가의식 따위는 없다. 월스트리트의 금융자본은 미중 합의에 따른 시진핑 정권의 상하이 금융시장 개방을 기대하며 중국 진출에 긍정적이다. 코로나 감염이 심각해지면서 다른 신흥국에서는 자금 유출이 계속되는 가운데 중국으로만 자본이 유입되었다.

중국식 대외투자 '대외경제합작'

국제기구 진출과 대외 지원을 지렛대로 삼는 비군사적 수단을 통한 외교, 즉 소프트 파워도 무시할 수 없다.

중국은 '세계의 공장'으로서만 미·일·유럽의 기업들을 끌어들인 것이 아니다. 리먼 쇼크 이후 중국 자체적으로도 대외투자 공세를 펼쳐왔다. 2014년 시진핑 주석이 내놓은 일대일로는 그 총결산이며, 미국과 유럽도 개발도상국 못지않게 중국의 중점 진출 대상국이 되었다.

해외 공사 프로젝트를 국유기업이 수주하게 하고, 대규모 공사 인력을 현지에 파견한다. 베이징은 이 중국식 대외투자를 중국어로 '대외경제합작'이라고 부르며, 영어로는 'Economic Cooperation with Foreign Countries or Regions(대외경제협력)'이다. 합작에 의한 노동자 등 중국인 파견 규모는 연간 100만 명 정도이다. 합작의 투자처는 개발도상국에 국한되지 않고 선진국도 포함된다.

중국 상무부 통계에 따르면 합작 프로젝트 완공액은 2019년 1,730억 달러, 2020년 1,560억 달러로 미국과 유럽을 포함한 전 세계에 걸쳐 있다. 이에 따른 부정적인 부산물이라고 해야 할까. 해당 국가들에서 신종 코로나바이러스 감염이 확산되면서 대부분 '의료 붕괴' 상태에 빠졌다.

2019년 3월 시진핑 주석은 로마에서 이탈리아 콘테 총리와 만나 일대일로에 대한 협력양해각서를 체결하고, G7 회원국을 처음으로 일대일로에 포함시켰다. 중국 자본은 아드리아해에 면한 트리에스테 항구의 기능 강화를 위해 터미널과 주변 철도망 정비를 맡았다. 제노바 인근에는 세계 최대 규모의 컨테이너선이 입항할 수 있는 터미널 건설을 시작했다. 밀라노 등 이탈리아 북부에는 원래 수십만 명의 중국인이 브랜드 제품 등의 생산 하청 사업을 기대하며 거주하고 있었다. 스페인은 일대일로 참여국은 아니지만 이탈리아처럼 말려들었고 역시 신종 코로나바이러스 감염증이 확산되었다.

양국은 물론 영국 등 유럽의 코로나19 확산 국가들은 모두 긴축재정을 통해 의료비 지출을 억제해 왔다. 리먼 쇼크 이후 악화된 재정수지를 개선해야 했기 때문이다. 이들 국가들은 긴축 노선 속에서 대출 및 인적 자원을 동반한 중국의 투자를 기꺼이 받아들였다. 그 결과는 코로나 팬데믹(세계적 대유행)이었다.

2020년 3월 독일 메르켈 총리는 코로나바이러스에 대해 "2차 세계대전 이후 최대의 시련"이라고 비통한 목소리로 말했고, 이탈리아의 코로나로 인한 사망자 수는 마침내 발원지인 중국을 넘어섰다. 같은 시기 시진핑 정권은 마치 승리를 과시하듯 "후베이성의 신규 감염자 발생이 제로가 됐다"고 발표했다. 그 전에 중국은 유럽 등에 대한 지원을 잇따라 내놓고 있었다. 이탈리아와 이란에 의료지원단을 파견하고 프랑스·그리스·세르비아 등에 방역물자 지원을 약속했다. 시진핑은 스페인 산체스 대통령과의 전화 통화에서 "힘이 닿는 데까지" 지원하겠다고 밝혔다.

이렇게 시진핑 정권의 손이 닿으면 모든 것이 거꾸로 보이는 '거울 나라의 앨리스[1]의 신기한 세계가 출현한다. 코로나 쇼크의 '원흉'이 순식간에 '구세주'로 변모한 것이다.

코로나19는 중국 경제의 구세주?

세계보건기구(WHO)는 2020년 2월 11일, 신종 코로나바이러스로 인한 질병의 정식 명칭을 'COVID-19'로 명명하고 3월 11일 팬데믹을 선언했다. 이틀 뒤 테드로스 WHO 사무총장은 "유럽이 팬데믹의 중심이다"라고 단언했다. 차이나머니에 의존하는 에티오피아 출신으로 우한에서 코로나19가 발생한 이후 시진핑 정권의 대책을 옹호해온 테드로스다운 발언이지만, 날이 갈수록 그럴듯해 보이는 것도 사실이다.

트럼프 행정부는 코로나에 발목이 잡혔다. 미국의 코로나바이러스 감염자 및 사망자 수는 발생지인 중국을 넘어 세계 최대였고 증가세가 좀처럼 꺾이지 않았다. 이 시기, 그때까지 트럼프에게 유리하다고 여겨졌던 2020년 가을 미국 대선에서 민주당 후보인 조 바이든의 추격의 바람이 불기 시작했다. 다급해진 트럼프 행정부는 중국과 중국을 옹호해온 WHO에 강력한 비난을 퍼부었다. 폼페이오 국무장관은 WHO가 명명한 'COVID-19'라는 호칭 대신 '우한 바이러스', '중국 코로나바이러스'라고 불렀다.

---

1 루이스 캐럴이 지은 동화 『거울 나라의 앨리스』를 인용한 것으로, 동화 속 거울 나라는 모든 것이 반대로 움직이는 나라이다.

이에 대해 시진핑 정권은 "인종 차별"이라며 반발했고, 중국 외교부 부보도국장은 트위터를 통해 미군이 중국에 바이러스를 들여왔다고 떠들어댔다. 외교 당국자가 허위사실을 유포하는 헛소리를 한 것이다. 이에 대해 대중 유화파가 많은 미국과 유럽 언론도 중국에 대해 비판적인 시각을 드러냈다. 예컨대 미국 『뉴스위크』는 2020년 3월 31일자 신문에서 "Made in China Pandemic(중국산 감염병 세계적 대유행)"이라는 제목의 전문가 기고문을 실었다. 이 기사에서는 "중국 우한발" 코로나바이러스로 인해 수많은 중국 제품의 세계 공급이 제약을 받고 있으며, 특히 시진핑 정권이 의약품 수출 제한을 위협용으로 사용할 수 있다고 경고했다. 기사는 또한 미국에서 판매되는 항생제의 97%가 중국산이며, 중국 국영 언론사 신화통신사는 "중국이 API[2]의 대미 수출을 금지하면 미국은 의약품 부족으로 코로나바이러스로 넘쳐날 것"이라고 노골적으로 경고했다. 『워싱턴포스트』 등 미국과 유럽 언론이 2020년 4월 중순에 일제히 "신종 바이러스가 박쥐를 연구하던 우한바이러스연구소에서 사고로 확산됐을 가능성이 있다"고 보도하자 트럼프 대통령은 고의적이었다면 팬데믹의 "대가를 치러야 한다"고 목소리를 높였다.

코로나 팬데믹이 속속들이 보여준 세계는 선진국에서도 중국의 존재감이 얼마나 커졌는지를 보여주는 동시에 공급망 등 생산 측면의 중국 의존도와 중국의 정치적 영향력 확대에 대한 경각심을 불러일으켰다.

시진핑 정권은 어떻게라도 '탈중국'을 향한 서방의 결속을 막지 않으

---

2 Active Pharmaceutical Ingredient, 화학의약품의 원료물질.

면 안 된다. 미·일·유럽의 투자가 줄어들면 외화가 들어오지 않고, 금융 위기에 시달리며 일대일로 등 대외팽창 계획도 막히기 때문이다.

서방 세계의 탈중국은 말로는 쉽지만 실행은 쉽지 않다. 기업의 탈중국이 쉽지 않다는 것은 품귀현상이 심각했던 마스크 증산을 자재 조달 등의 어려움으로 미·일·유럽에서도 중국 공장에 맡길 수밖에 없었던 상황에서도 알 수 있다.

중국은 미국 등의 불황이 장기화되면 수출이 크게 줄어든다. 그러나 중국 시장이 세계보다 앞서서 회복된다면, 불황으로 갈 곳 없는 서방 자본을 국내로 끌어들일 수 있다.

막대한 달러 자금을 무제한으로 발행하는 미국의 경우 실물경제가 살아나지 않으면 그것이 잉여자금이 되어 외부의 고수익 시장으로 흘러들어간다. 그 수혜국은 중국이 될 것이다. 2020년 아베 정권은 코로나 불황에 대응하는 긴급 경제 대책으로 자국 기업의 본국 회귀를 세제상 우대하는 탈중국을 내세웠지만, 일본 국내 시장은 소비세 증세 불황과 코로나 쇼크가 겹쳐 위축이 심했다. 아베 정권이 아무리 깃발을 흔들어도 플러스 성장을 하고 있는 중국에서 일본 기업들은 떠날 수 없는 상황이었다.

제3장

금융 패권을 노린
홍콩 장악

미국의 본격적인 대중 규제

중국에 달러를 주지 않기 위한 트럼프 행정부의 시도는 대중 무역 적자 감축 요구에 그치지 않았다. 중국 기업의 미국 증시 상장을 제한하고, 시장으로부터의 대규모 자금 조달을 억제했다. 이는 초당적 합의이며 바이든 정부도 그 노선을 그대로 계승하고 있다.

워싱턴의 대중 규제는 두 가지로 나뉜다. 먼저 군사·안보 관련 기업을 겨냥했다. 2020년 11월 트럼프 대통령은 '공산주의 중국 군사기업에 자금을 공급하는 증권 투자의 위협에 대응하기 위한 대통령령'에 서명했다. 국방부 장관이 '공산주의 중국 군사기업'으로 규정한 기업이 발행하는 상장 증권 및 관련 금융상품에 대해 2021년 1월 11일부터 미국 국민의 투자를 금지한다는 내용이다.

2020년 12월 31일 뉴욕증권거래소는 대통령령에 따라 차이나텔레콤, 차이나모바일, 차이나유니콤 홍콩, 이 세 회사의 상장폐지 절차를 시작한다고 발표했다.

바이든 대통령은 트럼프 대통령령을 기본적으로 계승해 '방위 및 감시 기술 분야와 관련된 중국 기업에 대한 미국인의 증권 투자를 금지하는 대통령령'에 서명했다. 이로써 투자 금지 대상을 군사 관련에서 감시 기술 기업으로 확대했다. 이에 따라 2021년 8월 2일 이후 미국인 투자자는 지정 기업에 대한 증권 투자가 금지되며, 이미 보유한 증권 등은 2022년 6월 3일까지 매각해야 했다.

또 하나의 대중 규제는 투자자 보호를 명분으로 한 규제로서, 2020년 12월 18일 '외국 기업 설명책임법'이 의회에서 통과되어 트럼프 대통령이 서명했다. 이 법은 미국 증시에 상장하는 외국 기업에 대해 외국 정부의 지배관리하에 있지 않다는 입증 의무를 부과하고, 미국 상장기업회계감독위원회(PCAOB)가 감사를 실시할 수 없는 상태가 3년 이상 지속된 외국 기업의 증권 거래를 금지했다. 중국을 직접적으로 지칭하지는 않았지만, 중국 상장기업은 국유기업이 아닌 '민영'이라고 해도 거의 모든 기업 내에 공산당위원회가 설치되어 있다. 위원회의 수장인 서기를 통해 끊임없이 당 중앙의 감시를 받고 있는 것이다. 당이 정부와 기업을 지배하는 것이기 때문에, 정부의 지배·관리라는 규정에 중국 기업 대부분이 해당된다.

중국 측은 감사로 인해 기밀정보가 유출될 수 있다고 반발하는 한편, 미국 시장에서 존재감이 높은 알리바바 등 IT 인터넷 대기업의 시장 퇴출이 미국 투자자들을 동요시킬 것이라는 계산도 했다. 이에 따라 중국 증권감독관리위원회가 미국 상장회계감독위원회의 감사에 협조하는 것으로 2022년 8월 합의했다. 알리바바 외에 인터넷 전자상거래 대기업 징둥그룹의 제이디닷컴, 외식 대기업 얌차이나홀딩스도 감사 대상에 포함됐다.

미국에는 200개 이상의 중국 기업이 상장되어 있는데, 미국 측이 요구하는 기준을 통과하면 중국 기업은 상장 폐지를 면할 수 있다. 하지만 중국 기업의 내부 정보 유출을 경계하는 시진핑 정권이 중국 기업의 정보공개를 어디까지 허용할지는 또 다른 문제다.

한편 시진핑 정권은 2020년 7월 시행된 홍콩 국가안전유지법(국안법)에 따라 국제금융센터인 홍콩을 완전히 장악하고, 상하이증권거래소와 일체화시켜 미국 등 서방 금융자본의 큰손들을 끌어들여 중국 기업의 본토 시장 및 홍콩 시장으로의 회귀를 추진했다. 높은 수익 기회를 추구하는 미국 금융 큰손들이 몰려들면 전 세계에 넘쳐나는 잉여자금을 빨아들여 중국 시장에 쏟아붓는다는 계산이었다.

그래프 3-1은 2018년 이후 상하이·선전 거래소의 신규주식상장(IPO) 동향을 보여준다. 2020년에는 상하이와 홍콩이 미국 나스닥을 제치고 선전까지 합치면 뉴욕을 포함한 미국 증권시장을 압도했다. 시진핑 정권으로서는 IPO를 축으로 해서 달러 자금 조달원의 미국 시장 의존에서 벗어날 수 있다는 희망을 가졌을 것이다. 2021년 이후에도 중국 내 증권시장에서의 IPO 공세는 계속됐다.

상하이·선전 거래소는 시진핑 정권이 정치적 지배력을 강화한 국제

그래프 3-1 **상하이·선전 증권거래소의 IPO(12개월 합계/2023년은 5월까지)**

억 위안(왼쪽 축)
억 달러 환산(오른쪽 축)

2018년   2019년   12월   2020년   12월   2021년   12월   2022년   12월   2023년
12월   6월   6월   6월   6월   6월

데이터: CEIC

금융시장인 홍콩과 한몸이 되어 서방 투자자를 유치하면서 뉴욕, 나스닥 등 상장 기준이 까다로운 미국 증권시장에 상장하지 않아도 달러 자금을 빨아들일 수 있게 되었다.

중국 측 통계에 따르면 중국 본토의 IPO는 2021년 5,351억 위안(한화 약 96조 원)이 넘었고 2022년에는 5,704억 위안(한화 약 102조 원)에 달한다. 미국 증시에서 철수를 피할 수 없게 된 국유기업들의 대형 상장 덕분이다. 국유 통신업체 차이나모바일과 국유 석유 대기업 'CNOOC'가 잇따라 상하이증권거래소에 상장했다.

회계법인 KPMG의 조사에 따르면, 2022년 세계 증시 IPO 조달액은 1,800억 달러로 2021년 4,680억 달러에 비해 크게 감소했다. 미 연준의 대폭적인 금리 인상과 양적긴축에 따라 뉴욕증권거래소와 나스닥 신규 상장이 부진한 가운데 중국 시장만 유독 눈에 띈다.

시진핑 정권은 신흥시장을 적극 활용하고 있다. 중국 국내 반도체 업체인 '하이광정보기술'과 의료기기 업체인 '유나이티드 이미징 헬스케어' 등이 상하이 기술기업 성장주 시장인 '커창판科創板'에 상장했다. 중국의 금융데이터제공회사 윈드(Win.d)에 따르면 반도체 및 반도체 생산 설비 조달액이 828억 위안으로 업종별에서 가장 많았고, 회계컨설팅기업 프라이스워터하우스쿠퍼스(PwC)에 따르면 2022년 중국 본토의 IPO 중 커창판과 선전의 벤처기업용 시장 '촹예반創業板'이 건수 기준으로는 3분의 2, 조달액으로는 70% 가까이를 차지했다고 한다. 2021년에 개설한 베이징증권거래소의 조달액도 130억 위안 가까이에 이를 전망이다.[1]

*2022년 12월 14일자 『니혼게이자이신문』 전자판 기사.

시진핑 정권의 홍콩 자치권 박탈의 진짜 목적

1949년 10월 건국 이래 중국공산당의 달러 획득에 중요한 역할을 해온 곳이 바로 국제금융시장인 홍콩이다. 홍콩 달러는 미국 달러에 페그 peg system[2]되어 있고, 자유롭게 미국 달러와 교환할 수 있는 하드커런시 hard currency[3]이다. 달러가 생명줄인 중국의 통화·금융 시스템에 없어서는

---

1 2022년 실제 조달액은 약 163억 위안이었다.
2 미국 달러와의 환율을 일정하게 유지하는 것.
3 외환시장에서 다른 나라 통화와 자유롭게 교환할 수 있는 통화. 달러·유로·엔·스위스 프랑·영국 파운드 등이

안 될 존재다.

홍콩·상하이·선전은 '스톡 커넥트Stock Connect'라 불리는 상호 거래 시스템에 의해 일체화되어 홍콩에 거점을 둔 미국 및 영국의 거대 금융자본으로부터 달러 자금을 조달하고 있다. 스톡 커넥트를 통해 외국인 투자자는 홍콩증권거래소를 경유하여 홍콩 달러로 상하이·선전 거래소 주식을 매매할 수 있고, 중국 국내 투자자는 상하이·선전 거래소를 통해 위안화로 홍콩 거래소 상장기업에 투자할 수 있다.

게다가 시진핑 정권은 미국 증권계 큰손과 거대 투자 펀드를 끌어들였다. 2020년 1월의 미중 무역협상 1단계 합의에 따라 상하이에 100% 출자 법인 설립을 허용한 것이다. 미국의 세계 최대 자산운용사 블랙록은 2020년 8월 현지법인 '블랙록금융관리회사'를 인가받았다. 최초의 외자 100% 자산운용사다. 사업 범위는 '공모 펀드 관리, 펀드 판매 및 사모 자산 관리와 기타 중국 증권감독관리위원회가 승인한 관리 사업'이다. 2020년 12월 미국 대형 증권사 골드만삭스가 중국 자본과 합작한 증권사 지분을 전량 인수해 100% 출자 법인으로 전환했다.

시진핑 정권은 2019년 여름부터 홍콩의 민주화시위 진압과 '고도의 자치권' 박탈에 나섰고, 2020년 7월 1일에는 그 마침표인 홍콩 국안법을 시행했다. 시 정권이 1997년 7월 영국의 홍콩 반환 이래 이어져온 '일국양제一國兩制'4 약속을 사실상 파기, 홍콩의 자치와 자유를 박탈하고 베

이에 속한다.
4 '하나의 국가, 두 개의 제도'라는 뜻으로, 중국이 하나의 국가 안에 사회주의와 자본주의 체제를 모두 인정한다는 것을 말한다. 중국의 홍콩과 마카오 통치 원칙이며 대만 통일 원칙을 의미한다.

이징의 직할 통치를 선언한 것이다.

시진핑 정권의 유혹을 받은 미국과 유럽의 대형 금융기관들은 여전히 홍콩에 기반을 두고 있으며, 상하이·선전 거래소와의 금융 거래 일체화를 수익 확대의 기회라며 긍정적으로 보고 있다. 2021년 1월에 트럼프 행정부에서 바이든 행정부로 교체되면서 시진핑 정권은 홍콩 입법회 선거 제도를 바꾸고 홍콩의 자치와 민주화의 길을 완전히 파괴하고 폐쇄했다.

그뿐만이 아니다. 시진핑 정권이 홍콩 시민 탄압과 동시에 치밀하게 준비해온 것이 있다. 홍콩 주식시장의 중국화다. 시 정권은 국제금융시장인 홍콩을 경유해 전 세계의 잉여자금이 중국 본토로 유입되는 시스템을 구축하고 홍콩을 중국공산당 중앙의 완전한 지휘권 아래에 두었다. 홍콩을 본토의 금융 중심지인 상하이·선전과 통합시키고 동시에 홍콩의 정치적 이탈을 방지하고 통제할 수 있으면, 패권국 미국의 무기인 달러를 자신들의 무기로 활용할 수 있게 된다는 것이다.

구체적인 내용은 다음과 같다.

홍콩 시민들의 민주화 요구 운동이 거세게 일었던 2019년 여름 무렵부터 시진핑 정권은 본토 기업의 홍콩 증시 IPO를 유도하며 홍콩 시장의 중국화를 추진해 왔다. 홍콩 시장에 상장된 본토 기업의 주식 시가총액과 매매 점유율은 2019년 6월 각각 68%, 78%로 이미 높은 수준이었으나, 국안법 시행 이후인 2020년 7월에는 79%, 87%까지 높아졌고, 이후 그 수준을 유지하고 있다.

동시에 상하이·신전 주식시장에 중국 기업의 IPO를 계속 늘려 자금을 조달했다. 스톡 커넥트를 통해 외국 투자자가 홍콩 시장에서 상하이·선전 거래소의 주식을 매매할 수 있고 중국의 투자자는 상하이·선전 시장에서 홍콩 주식을 거래할 수 있다.

홍콩·상하이·선전에 본토의 성장 기업을 상장시키면 홍콩을 거점으로 하는 미국·유럽의 금융자본이 홍콩뿐만 아니라 상하이·선전에도 주식 투자를 한다. 이렇게 뉴욕이나 나스닥 등 미국 증권시장에 상장하지 않아도 홍콩·상하이·선전에서 쉽게 거액의 달러를 조달할 수 있는 구조가 완성되었다.

홍콩·상하이·선전 거래소의 IPO에 의한 자본 조달 규모가 유럽과 일본은 물론 세계 IPO의 총본산인 뉴욕과 나스닥을 능가하는 규모가 되었다. 중국 본토 기업들은 홍콩에서의 IPO로 외화를 조달하고, 투자자들은 위안화로 홍콩 주식을 사서 매매차익을 달러로 챙긴다.

그야말로 장대한 스케일의 연금술인데, 그 토대이자 출발점이자 종착점은 홍콩 시장이다. 홍콩 달러는 미국 달러와 자유롭게 교환할 수 있고, 위안화도 홍콩 달러를 통해 미국 달러로 환전할 수 있기 때문이다.

이 꼼수를 무너뜨릴 수 있는 방법은 홍콩 달러와 미국 달러의 교환을 미국이 금지하는 것 또는 달러의 마지막 공급자인 미국 은행과 중국 국유 상업은행과의 거래 금지이다.

트럼프 행정부는 실질적으로는 달러 본위인 중국 경제의 결정적 약점을 염두에 두고 있었다. 대중 금융 제재 발동도 불사할 태세였다. 2019년 11월 '홍콩인권민주주의법'을 통과시켜 상황에 따라 홍콩 달러와 미국 달러의 교환을 금지할 수 있는 조항을 관련법에 포함시켰다. 또 시진 핑 정권의 국안법에 맞서 트럼프는 의회 초당파가 통과시켜 제출한 '홍 콩자치법'에 2020년 7월 14일 서명하고 발효시켰다. 이 법에 따르면 미 국무부는 홍콩의 자유와 자치를 침해한 개인이나 단체를 특정해 달러 자산 동결 등의 제재를 가할 수 있다. 해당 개인이나 단체와 거래가 있 는 금융기관도 대상이 된다. 구체적인 제재 내용은 미국 은행의 대출 금 지, 외화 거래 금지, 무역 결제 금지, 미국 내 자산 동결, 미국으로부터의 투융자 제한 등이다. 일대일로의 자금줄인 중국 국유 4대 은행이 보유한 달러 자금은 1조 수천억 달러에 달한다.

그러나 대중 투자로 엄청난 수익을 내고 있는 미국 금융자본을 등에 업은 바이든 행정부는 트럼프 행정부의 대중 금융 제재 노선을 계승할 것 같지 않다. 그럴 생각이 전혀 없는 듯하다. 미국 금융자본을 등에 업 은 시진핑이 '국제 포위망'을 비웃으며 강한 모습을 보일 수 있는 것은 바이든 행정부의 무대책 덕분이다.

트럼프 대통령이 발동시킨 홍콩자치법에 의한 실제 제재는 트럼프 행 정부 시절인 2020년 10월, 홍콩 행정장관과 중국 정부의 홍콩 담당자 개 인에 대한 자산 동결에 그쳤다. 2021년에는 국안법 위반을 구실로 홍콩 민주화운동가들과 『빈과일보』[5]에 대한 탄압이 심해졌지만, 바이든 정권 은 침묵으로 일관했다.

---

5 홍콩의 대표적 반중(反中) 매체로 꼽을 수 있는 신문이었으나 2021년 6월 폐간했다.

금융자본에 얽매여 움직이지 못하는 바이든 정권

원래 2019년 11월에 통과된 홍콩인권민주주의법에는 '1992년 홍콩정
책법' 수정조항이 포함되어 있다. 홍콩정책법이란 영국의 홍콩 반환에
맞춰 1992년에 제정된 미국 법으로, 홍콩에 고도의 자치권 유지를 조건
으로 '홍콩 달러와 미국 달러의 자유로운 교환을 허용'하는 내용을 담고
있다.

홍콩정책법 수정조항에 따라 미국 정부는 홍콩의 자치, 인권 및 민주
주의 상황에 따라 '통화 교환을 포함한 미국과 홍콩 간의 공식적인 합
의'도 재검토 대상이 될 수 있도록 하고 있다. 여기에 더해 홍콩자치법은
중국의 대형 은행에 대해 미국 은행과의 거래를 금지하는 여덟 가지 방
법을 열거하고 있어 달러 조달 봉쇄라는 강력한 중국 제재가 가능하지
만, 바이든 정부에서는 전혀 고려 대상이 되지 않고 있다.

미국 금융자본이 홍콩과 중국 본토의 금융시장에 깊숙이 편입된 현실
이 미 의회와 백악관의 움직임을 제약하고 있다. 달러 금융에 대한 의존
도가 높은 중국에 대한 금융 제재의 위력은 대량 살상무기급이지만 바
이든 정권하에서는 '뽑지 못하는 전가의 보도'이다.

대만 문제와 미중 관계

미국의 대중 금융 제재에 대한 망설임은 대만 문제에도 미묘하게 작

용하고 있다. 2022년 12월 23일 바이든 대통령이 서명하여 발효된 '국방수권법'이 그러하다.

국방수권법은 원래 의회의 국방 예산안이 주요 내용이지만, 국가 안보와 관련된 중요한 사항들이 추가되었다. 이번 국방수권법에는 상원 외교위원회가 압도적 다수로 통과시킨 '대만정책법안'[6]의 일부가 포함됐다. 5년간 최대 100억 달러의 대만 군사 지원 예산과 대만으로부터의 무기 구입 요청에 우선적이고 신속하게 대응하는 것도 수권법에 포함됐다.

그러나 상원 외교위원회 이후 심의가 중단된 대만정책법안 중 대중 금융 제재 조항은 수권법에서 아예 제외됐다. 외교위 금융 제재안은 시진핑 정권이 대만에 대한 적대 행위를 확대할 경우 미국 대통령이 중국 최대 규모의 국유 상업은행 세 곳을 포함한 5개 국유은행에 대해 미국 은행과의 달러 거래를 금지할 수 있다는 내용이다.

2022년 6월의 대만정책법 원안에서 제재 대상을 중국공상은행·중국 건설은행·중국은행·중국농업은행 등 중국 4대 상업은행으로 실명을 들어 지목했던 것을 상원 외교위에서 완화시키긴 했지만, 금융 제재에 대한 의회의 초당적 열의는 여전했다. 그런데 국방수권법에서는 금융 제재안을 철회한 것이다.

이유는 분명하다. 바이든 행정부가 금융 제재 조항에 대해 강한 난색을 표명했기 때문이다. 6월의 원안에서 명시했던 4대 국유 상업은행의 명칭 삭제도, 금융 제재 일체를 국방수권법에서 제외한 것도 백악관의 거부반응에 따른 것이다.

---

6 미국 의회가 대만을 사실상 하나의 국가로 인정하는 법안.

물론 금융 제재안이 완전히 사라진 것은 아니다. 미 의회는 민주당이 상원의 다수당, 공화당이 하원의 다수당이다. 대중 강경파는 양당 모두에 걸쳐 있지만, 특히 공화당의 대다수가 강경파이다.

공화당 강경파는 시진핑의 야망을 억제하는 열쇠는 금융에 있다고 보고 있다. 따라서 미 하원 주도로 대중 금융 제재 조항이 다시 부상할 수 있다. 미국의 대중 금융 제재 가능성 자체가 시진핑 정권에게는 계속 위협이 될 것이다.

반격하는 시진핑 정권

미중 무역전쟁은 상품에서 돈, 첨단기술로 영역을 끝없이 확장한다. 대중 무역전쟁은 대중 무역 불균형으로 인해 훼손된 국내 생산과 고용을 개선하겠다는 경제적 미국우선주의를 넘어 안보의 영역으로까지 확대되고 있다. 이런 현실이 지속되는 한 시진핑 정권의 팽창정책을 뒷받침하는 달러를 중국에 더 이상 넘기지 않겠다는 통화·금융 전략, 나아가 군사기술로 연결되는 첨단기술을 넘기지 않겠다는 것이 워싱턴의 컨센서스인 것은 변함이 없다.

시진핑 정권은 미국의 금융·첨단기술 패권을 무너뜨리려는 끝없는 야망을 추구한다. 대미 양보를 거부하는 한편, 상품무역과 생산·공급 네트워크의 중심 지위를 확보한 데 이어, 첨단기술 패권을 잡기 위해 반도체 산업 등에 대한 보조금 투입, 저리 융자, 저렴한 토지 제공 등 국가 보조금을 더욱 확대하고 있다.

2022년 5월 23일자 『월스트리트저널』 전자판에 따르면, 시진핑은 그동안 최대한의 지원으로 보호해온 국유기업에 더해 1,000여 개의 비상장 스타트업 기업을 지원하기 위해 향후 5년간 최소 15억 달러를 투입하겠다고 밝혔다. 또 병원 등 국유기관의 의료기기, 영상처리장치 등 기술 제품 구매 시 25~100%를 국내 기업제품으로 구입하라는 지침을 발표했다.

하지만 거기에는 함정이 있다. 재정과 금융 기반이 불안정하기 때문이다.

제4장

우크라이나 전쟁과
페트로 위안화

우크라이나 전쟁 발발, 시진핑과 푸틴의 우호관계

군사력은 물론 금융과 첨단기술의 미국 패권을 무너뜨리는 것은 중국 혼자 힘으로는 불가능하다. 시진핑 주석은 한계를 잘 알고 있을 것이다. 그 결과 러시아와의 협력을 강화시키는 길을 택했다.

양 정상은 2022베이징동계올림픽 개막식에 맞춰 회담을 갖고 "양국의 우호에는 한계가 없고, 협력에는 금지된 영역이 없으며, 양국 간 전략적 협력 강화는 제3국에 대항하는 것이 아니다"라고 강조했다. 바이든 정권이 러시아군의 우크라이나 침공 가능성을 경고하는 와중이었다. 주목해야 할 것은 "제3국에 대항하는 것이 아니다"라고 덧붙인 대목이다. 이 성명의 조항은 중국 주도로 작성되었다. '제3국'은 당연히 미국을 의미하는 것으로, 중러 동맹이 반미가 아니라고 둘러댄 동기는 미국의 대러 제재에 대한 2차 제재를 피하고 싶은 중국 측에 있다.

푸틴의 반미 의지는 분명하다. 푸틴은 2022년 9월 "미국은 달러 패권, 첨단기술 독점으로 세계에 기생해 수탈하고 공물을 모아 패권적 임대료를 착취하고 있다"고 연설했다. "패권적 임대료"는 생소한 단어지만, 현대의 세계 체제를 생각해보면 흥미롭다. 한마디로 패권국(집주인)의 시스템을 이용할 수밖에 없는 나라들(임차인)로부터 비싼 이용료(임대료) 징수를 가능케 하는 국제적인 시스템을 말하는 것이다.

19세기부터 20세기 초반에 걸쳐 대영제국은 금본위제 런던 금융시장에 은본위제인 식민지 인도 등에서 생성되는 금융자산을 집중시키고 금과 은의 시세를 조작함으로써 상시적으로 마음대로 부를 수탈할 수 있었다. 이 경우 영국은 집주인, 인도 등 피지배국은 임차인이 되는 셈이다.

세계 금융자산을 기축통화인 달러로 거래하는 국제금융시장, 첨단기술의 사용료를 전 세계로부터 징수하는 미국 중심의 세계경제시스템은 대영제국의 시스템을 전 세계로 확대한 것이라 할 수 있다.

중국은 위안화 자금 발행을 달러 보유고에 의존하고 있는데, 미국의 금융 제재에 위협을 느끼는 시진핑으로서는 푸틴의 반反달러에 편승해 위안화 결제를 확대할 수 있는 절호의 기회다.

러시아는 에너지 자원뿐만 아니라 밀·광물·비료 등의 수출 강국이다. 그러나 시세는 달러 금융에 휘둘려 왔다. 푸틴에게 가장 큰 굴욕은 구 소련의 붕괴였다. 기축통화인 달러와 연동된 석유 가격이 워싱턴의 의도에 의해 싸게 유지되면서 에너지 수출 세수가 약 50%를 차지하던 구 소련 재정은 파탄이 나고 말았다.

이 교훈을 바탕으로 푸틴은 구 소련이 거의 발을 들여놓지 않았던 중동에 대한 관여를 강화했고, 2020년 6월에는 OPEC의 맹주인 사우디와 손잡고 러시아-사우디의 공동 감산에 합의해 이후 유가 상승을 이끌었다.

우크라이나 침공 이후 미국을 중심으로 한 서방 세계는 대러 금융 제재에 나섰다. 러시아 중앙은행이 미·일·유럽에 예치한 외화자산의 절반가량을 동결하고, 국제은행 간 자금결제망인 국제은행간통신협회(SWIFT)에서 러시아 은행들을 대거 퇴출시켰다. 서방은 러시아 경제가 붕괴 위기에 처할 것으로 예상했지만, 러시아 화폐 루블화의 급락은 일시적이었고, 4월 이후 루블화는 달러와 유로화 대비 강세를 보이고 있다. 푸틴은 유럽에 대해 천연가스 수출 대금 결제 시 루블화 결제를 강제하면서 루블화 수요를 끌어올렸다. 중러 무역은 루블화 또는 위안화 기준으로 수출입을 확대하고 있다.

이렇게 우크라이나 전쟁 이후 세계는 '미국 달러 vs 중국-러시아산 상품'의 싸움이 되었다. 앞으로는 어떻게 전개될까?

그래프 4-1은 미·중·러시아의 '무기'가 되는 항목별 세계 점유율을 보여주는 것인데 일본의 점유율도 포함되었다. 기축통화 국가로서 미국은 주식 시가 총액과 달러 외화준비통화 점유율이 절대적이지만, 전체 상품의 수출은 중국이 압도적이다. 러시아가 우크라이나를 지배하에 두면 밀 수출에서 미국을 압도할 수 있다. 석유와 천연가스 생산 점유율에서는 미국이 우세하지만, 미국 내 소비분을 고려하면 석유 수출 여력은 거의 없다. 게다가 러시아는 석유를 통해 사우디아라비아와 같은 OPEC 국가들을 포섭했다. 시진핑도 사우디에 접근하여 석유의 위안화 거래를 촉구하고 있다.

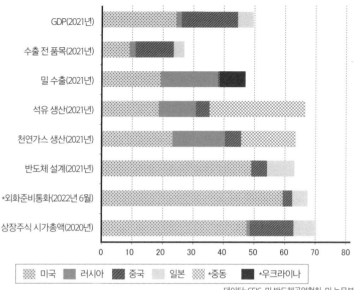

데이터: CEIC, 미 반도체공업협회, 미 농무부

*중동은 석유와 천연가스, 우크라이나는 밀에만 표시. 외화준비통화는 러시아 루블의 데이터가 없어
달러-위안-엔 순으로 표시.

금융 제재라는 '전가의 보도'를 쓸 수 없다면 미국의 강점은 반도체에
집중된다. 반도체 설계 점유율을 보면 미국은 다른 국가들을 압도한다.
그러나 시 정권은 반도체 수출 금지에 대한 보복으로 전기자동차 등에
필수적인 희토류 수출 금지로 보복할 수 있다. 미국 vs 중러 연합, 즉 달
러 vs 상품의 대립은 전 세계에 막대한 영향을 끼치는 소모전으로 발전
할 것이다.

시진핑의 우크라이나 '평화 위장 공작'

시진핑 주석은 '중립'을 표방하며 서방의 금융 제재에 시달리는 러시아의 재정금융을 전폭적으로 지원하고 있다. 과연 그의 진짜 목적은 무엇일까?

2023년 4월 26일 시 주석은 젤렌스키 대통령과 전화 회담을 통해 러시아와의 평화 중재를 제안했다. 평화 협상을 위한 특별대표단을 구성하겠다고도 했다. 그러나 이는 프랑스 등 유럽 일부 국가들에 중국의 중재에 대한 기대감을 높여 대중 관계에서 서방 세계의 결속을 무너뜨리려는 연기라는 시각이 강했다.

상기해야 할 것은 2022년 2월 4일 "양국의 우호에는 한계가 없고, 협력에는 금지된 영역이 없다"고 주창한 시진핑과 푸틴의 베이징 성명이다. 2023년 3월 21일 모스크바를 방문한 시진핑은 푸틴에게 러시아에 우호적인 휴전 조건을 제시했다. 4월 21일, 주프랑스중국대사는 우크라이나를 포함한 구 소련권 국가들에 대해 "주권 국가로서의 구체적인 지위에 관한 국제 합의는 존재하지 않는다"며 푸틴의 우크라이나 합병에 힘을 실어주는 발언을 했다.

반면 중국 외교 당국은 일관되게 '중립'을 강조하며 러시아에 대한 군사적 지원을 부인하고 있다. 이는 바이든 행정부의 대중 금융 제재를 두려워하기 때문인데, 미국 내에서는 중국이 러시아에 반도체를 포함한 군수 및 민수용 물자를 제공하고 있다는 의혹이 끊이지 않고 있다.

금융 면에서 시진핑 정권은 우크라이나 전쟁 초기부터 인민은행이 운영하는 국제자금결제망(CIPS)을 통해 국제은행간통신협회에서 배제된 러시아의 금융기관에 우회로를 제공하고 있다.

러시아 지원에 대한 가장 강력한 증거는 중국의 공식 통계에서도 도출할 수 있다. 중국은 우크라이나 전쟁 발발 이후 G7이 단계적으로 러시아산 원유 수입을 금지한 것에 아랑곳하지 않고 러시아 원유 수입을 대폭 늘렸다. 중국 세관은 매월 러시아 원유의 수입액과 수입량(톤 기준)을 발표하고 있기 때문에 톤당 단가를 쉽게 산출할 수 있다. 원유 1톤은 7.33배럴로 수입량을 배럴로 환산하면 2023년 3월은 일 227만 배럴로 2022년 3월의 일 151만 배럴에서 50%나 늘었다. 중국은 세계 최대의 석유 수입국으로 3월의 총수입량은 4,300만 배럴에 달했다. 문제는 중국의 수입 가격이다.

그래프 4-2는 러시아 정부의 석유·천연가스 매출액과 브렌트 원유, 우랄 원유의 국제 시세 및 중국의 러시아산 원유 수입 가격 추이이다.

우랄유는 러시아 원유를 대표하는 유종으로 국제석유시장에서 북해 유전의 유종인 브렌트유와 휘발유 성분 비율 등이 동등하게 취급되며, 우크라이나 전쟁 발발 이전에는 가격 수준이 거의 같았다. 그런데 전쟁이 시작되자 우랄유는 가격이 급락했고 반대로 브렌트유는 가격이 급등했다. 브렌트유는 2022년 6월 최고가를 기록한 뒤 하락세를 보이고 있으며 우랄유도 동시에 하락하고 있으나 두 유종 간 가격 차이는 여전히 크게 벌어져 있다.

이 점에 한해서는 서방의 대러 제재가 효과를 발휘하고 있다. 우랄유의 가격은 브렌트유보다 배럴당 30달러 정도 낮다.

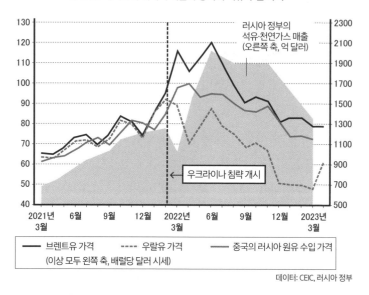

그래프 4-2 **러시아의 에너지 매출과 중국의 석유 수입 가격**

러시아 정부의
석유·천연가스 매출
(오른쪽 축, 억 달러)

우크라이나 침략 개시

브렌트유 가격 ---- 우랄유 가격 ── 중국의 러시아 원유 수입 가격
(이상 모두 왼쪽 축, 배럴당 달러 시세)

데이터: CEIC, 러시아 정부

그러나 중국의 러시아산 원유 수입 가격으로 눈을 돌려 보면 브렌트유 시세와의 가격 차이는 10달러 이하로 우랄유 국제 시세보다 20달러 이상 높다. 재정 수입의 약 25%를 차지하는 에너지 수입이 급속히 감소하고 있는 만큼 중국 측의 할증 가격은 러시아에 가뭄의 단비가 되고 있다.

그뿐만이 아니다. 러시아의 석유 수출량은 하루 1,000만 배럴 정도인데 그중 200만 배럴 이상이 대중 수출이다. 즉 하루 약 4,000만 달러, 연간 약 146억 달러를 중국이 러시아에 보조하고 있다는 계산이 나온다.

전 세계 군사비를 조사하는 스톡홀름국제평화연구소에 따르면 러시아의 군사비는 2022년 864억 달러로 우크라이나 전쟁 등의 요인으로 전년 대비 204억 달러 증가했다. 중국의 러시아 원유 구매 할증분은 러시아 군사비 증가분의 71%에 달한다. 중국이 러시아의 우크라이나 전쟁 비용의 대부분을 부담하고 있다는 계산이 나온다.

시진핑은 과연 무엇을 얻고자 하는가?

기축통화 달러의 세계 지배를 혐오하고 탈달러에 집착하는 푸틴은 석유 결제 통화를 달러화에서 위안화로 전환하려는 시진핑에게 가장 좋은 우군임에 틀림없고, 우크라이나 전쟁으로 소모된 러시아는 시진핑에게는 아주 안성맞춤이다. 전쟁 장기화로 피로가 극심한 러시아는 전쟁이 어떻게 되든 중국에 의존할 수밖에 없다.

민간 군사기업 와그너그룹을 이끌던 프리고진의 반란으로 단번에 카리스마가 사라진 푸틴은 점점 더 시진핑에게 의지하고 있다. 시진핑에게는 막대한 에너지 자원과 식량 생산력을 가진 러시아를 포함해 유라시아 대륙 전체를 위안화 경제권으로 편입할 수 있는 기회가 무르익어가는 중이다. 이미 중국에 대한 의존도가 높아진 중앙아시아 국가부터 독일 등에 이르는 유라시아의 인프라망을 베이징으로 연결하고 통합하는 시진핑 주도의 일대일로 야망을 실현할 수 있는 절호의 기회다.

가속화된 중국에서의 탈달러화

중국에서의 탈달러화는 현재 어느 정도일까?

중국은 2018년 6월 미중 무역전쟁 발발을 계기로 무역과 투융자 등 대외자금 결제를 위안화로 전환함과 동시에 미국 국채 보유량 축소에 본격적으로 나섰다. 그리고 2022년 2월 우크라이나 전쟁이 시작되면서부터는 탈달러화를 가속화하고 있다. 2023년 3월에는 지급결제에서 위안화가 달러를 앞질렀다. 미 국채 보유는 최근 연간 1,700억 달러 이상 줄였다.

시진핑 정권의 위안화 공세가 기축통화인 달러를 위협할 것인가?

주목할 점은 위안화 결제 대상은 주로 무역이며, 수출입 상황에 따라 불공정해질 수 있다는 점이다.

브라질의 경우 중국으로의 수출이 수입을 대폭 상회하고 있다. 중국 측은 위안화를 찍어 지불할 수 있다는 이점이 크지만 어쨌든 위안화의 사용성은 나쁘다. 중국의 금융시장은 규제투성이로 브라질 측은 위안화 자산의 운용이 어렵다. 반면 아르헨티나는 대중 수입이 수출을 상당히 상회하고 있다. 수출로 획득하는 위안화를 수입에 돌리면 되지만, 중국 측은 그만큼 달러가 들어오지 않게 된다. 중국의 통화 발행은 유입되는 달러에 의존하고 있기 때문에 이는 바람직하지 않다.

종합해보면 중국의 무역 적자국에 대한 위안화 무역 결제는 중국에게는 재정적으로 유리하지만 상대국에게는 불리하다. 중국의 무역 흑자국의 경우 중국의 통화 시스템과 상충되지만 상대국은 달러를 절약할 수 있어 수용하기가 더 쉽다. 따라서 위안화 결제는 무역 흑자국과의 거래에서 상대방의 수입, 적자국과의 거래에서 중국의 수입이라는 각 범위 내에서 진행될 것으로 보인다.

한편 달러가 세계 기축통화인 이유에는 석유와 달러의 연동 외에도 자유롭고 개방된 달러 금융시장의 존재가 있다. 그곳에서는 채권·주식에서 금융파생상품에 이르기까지 다양하고 변화무쌍한 달러화 금융상품이 상시 거래되고 있다.

중국의 금융시장은 당의 강력한 권력을 등에 업은 규제로 가득 차 있다. 외국계 은행과 증권사의 100% 지분 투자를 통한 대중 진출은 허용됐지만 자본 거래, 즉 국내외 대규모 자금의 이동은 여전히 자유롭지 못하다.

시진핑 정권이 계속 위안화 결제의 글로벌화를 고집하는 것은 정치적 효과가 크기 때문이다. 미국은 달러를 무기로 금융 제재를 휘두르며 시진핑 정권을 위협하고 있지만, 위안화 글로벌화는 이를 억제할 수 있다. 또한 위안화 결제를 받아들이는 국가들과는 통상에서 정치까지 우호적인 관계를 맺을 수 있다.

대미 관계에서 정치적 효과가 만점인 것은 역시 페트로 위안화이다. 사우디가 달러를 이탈해서 위안화 기준으로 석유를 판매한다고 하면 미국은 당황할 수밖에 없다. 사우디 왕실에도 위협인 이란에 대해서는 유연하고, 인권 문제 등에서 사우디에는 엄격한 바이든 행정부를 흔드는 수단이 되기 때문이다.

다만 막대한 달러 자산을 배경으로 해외에서의 호사에 익숙한 사우디 왕족들은 거액의 위안화를 받아도 쓸 곳이 마땅치 않을 것이다. 게다가 무엇보다도 사우디가 안보상 마지막 기댈 곳은 미군밖에 없다는 현실적인 문제가 있다. 미국이 현재까지 조용히 지켜보고 있는 것은 사우디가 위안화 결제에 응할 리 없다고 예상하기 때문일 것이다.

제5장

디지털 위안화의
허와 실

디지털 위안화로 달러 패권 무너뜨리기

2021년부터 시진핑 정권의 디지털 위안화 실용화 노력이 본격화되었다. 디지털 위안화는 중앙은행이 발행하는 디지털 통화(Central Bank Digital Currency)의 한 종류이다. 디지털 통화는 디지털 기술에 의한 비트코인(BTC)으로 대표되는 가상화폐(암호자산)와 혼동하기 쉬운데, 가장 큰 차이점은 법정화폐인지 아닌지의 여부다. 디지털 통화가 중앙은행이 발행·관리하며 국가가 통화 가치를 보장하는 데 반해 가상화폐에는 국적도 없고, 특정 발행기관도 관리자도 없다. 중국이 디지털 위안화에 집중하는 데는 몇 가지 이유가 있다.

첫째, 디지털 통화는 경화硬貨나 지폐를 대체하는 데 그치지 않는다. 돈의 움직임에 대한 정보가 모두 중앙은행이 관리하는 데이터센터로 보내진다. 중국의 경우 인민은행이 발행하고 정보를 수집·관리하게 되는데, 그 인민은행을 지배하는 것은 중국공산당이다. 당의 수장으로서 독재 권력을 독단적으로 행사하는 것은 시진핑이다. 시 정권은 2022년 10월 당 대회, 2023년 3월의 전인대를 거쳐 집권 3기차에 들어섰고, 인민은행은 사실상 당의 직할기관이 되었다. 디지털 위안화는 돈과 이를 사용하는 국민을 상시 감시하는 일당독재 지배 체제를 완성하는 완벽한 수단이 될 것이다.

둘째, 중국이 세계에서 가장 먼저 디지털 위안화 시스템을 완성한다면 기축통화인 달러의 자리를 위협하는 강력한 무기가 될 수 있다. 대외적인 결제 편의성과 비용 면에서 달러 대비 우위를 점할 수 있는 금융 인프라가 될 것이기 때문이다. 또한, 디지털 통신 시스템과 마찬가지로 디지털 통화의 플랫폼·IT와 데이터 등을 활용해 시스템 및 서비스를 갖추고 그 서비스를 여러 나라에 제공함으로써 이들 국가를 중국식 디지털 통화 네트워크에 편입하여 위안화 결제를 대폭 확대할 수 있다. 이렇게 되면 달러에 의한 글로벌 네트워크에서 위안화의 잠식을 가속화할 수 있을 것이다.

셋째, 중국 경제의 고질병이라 할 수 있는 자본도피 경로를 차단하는 수단이 될 것이다. 위안화는 원래 중국인 사회에서 신뢰도가 낮았기 때문에 인민은행은 1989년 6월 천안문 사태를 계기로 위안화 발행을 위한 담보자산으로 달러를 비축해 왔다. 천안문 사건 당시, 달러의 뒷받침이 없는 위안화 발행이 큰 요인으로 작용하여 높은 인플레이션이 발생했고 그로 인해 시민들의 불만이 고조되었다. 이후 위안화 발행액 대비 외화자산의 비율을 100% 내외까지 올렸지만, 달러 대비 위안화 환율이 절하되면 여전히 대규모 자본도피가 쉽게 일어난다. 그 외에도 미국 금리가 오르면 위안화를 달러로 바꾸려는 움직임이 높아지고 중국 내 부동산 시장이 침체되면 중국 부유층은 자산을 해외로 옮기려고 한다. 디지털 위안화는 이러한 움직임을 억제하는 역할을 한다.

넷째, 디지털판 무국적 통화라고 할 수 있는 가상화폐 퇴출의 의미가 있다. 비트코인으로 대표되는 가상화폐와 마찬가지로 디지털 위안화도 디지털 화폐의 한 부류이며 전 세계 어디라도 비용 없이 자유롭게 움직일 수 있다. 가상화폐는 정보통신망에 있는 단말기끼리 직접 연결하여 암호화 기술을 이용해 입출 기록을 분산 처리하고 기록하는 데이터베이스 기술인 '블록체인'을 사용하기 때문에, 당국은 돈의 움직임을 막을 방법이 없다. 가상화폐를 통한 자본도피가 확대되면서 시진핑 정권은 외화준비금이 크게 줄어드는 비상사태에 직면했다. 그 이후 시진핑 정권은 가상화폐의 박멸과 동시에 법정화폐인 디지털 위안화 개발 및 실용화에 총력을 기울여 왔다.

따라서 디지털 위안화는 가상화폐와의 싸움의 산물이기도 하다.

다음은 가상화폐에서 디지털 위안화까지의 흐름을 시간순으로 정리한 것이다.

가상화폐의 등장

국경을 넘어 움직이는 무국적 통화인 가상화폐는 IT 혁명과 금융 세계화의 흐름을 타고 있었다. 그러다가 2016년경 자유롭지 못하고 규제가 많은 통화인 위안화로 돈을 움직일 수밖에 없었던 중국인들에게 열광적인 환영을 받았다.

먼저 가상화폐에 대해 알아보자.

'사토시 나카모토'라는 익명의 인물이 2008년 발표한 논문을 바탕으로, 2009년 1월 암호화폐라고도 불리는 가상화폐 비트코인이 탄생했다. 사토시 나카모토가 최초로 송금을 했고, 이로써 비트코인이 세상에 나온 것이다.

가상화폐는 이름 그대로 디지털 공간에 존재하며, 지폐나 동전이라는 실체가 없다. 비트코인의 확인은 인터넷으로만 가능하다. 달러·엔·유로·위안 등과 달리 발권과 유통을 조정하는 기관이 없다.

가상화폐는 당국의 감시가 어려운 블록체인 기술을 사용한다. 블록체인의 거래 확인 작업을 마이닝(채굴)이라고 하는데, 가상화폐 거래를 검증하고 그 결과를 인터넷으로 연결된 여러 개의 블록체인에 수시로 기록하는 작업을 말한다. 추가 기록을 하는 채굴업자에게는 대용량 컴퓨터와 대량의 전력 사용의 대가로 가상화폐가 주어지기 때문에 마치 땅속에서 금을 캐내는 작업에 비유해 채굴이라 한다.

비트코인의 자원량이라고 할 수 있는 발행량은 약 2,100만 개라는 상한선이 설정되어 있다. 그래서 채굴이 진행되면 진행될수록 채굴로 얻을 수 있는 개수가 줄어든다. 대략 4년마다 비트코인 마이너(채굴자)에게 주어지는 보상은 절반으로 줄어들지만, 비트코인 공급량이 줄어들기 때문에 희소가치가 높아지고, 가격도 장기적인 추세로 보면 계속 상승하는 구조로 되어 있다.

비트코인은 등장 초기에는 통화로서의 가치를 인정받지 못했지만, 채굴이 시작되고 몇 개월 뒤 통화로서의 가치를 인정받아 결제가 가능해졌다. 당시만 해도 '1BTC=약 0.2엔'의 가치였으나, 2011년 들어 비트코인 거래가 급증하였고 가격도 급등락을 반복하며 상승했다. 투기 거래가 심하고, 중국을 비롯한 각국의 규제, 인플레이션 전망, 달러화 금리 등에 따라 시세가 크게 변동했다. 2011~2012년 한때 1BTC=1,500~3,000 엔, 2013년 말 1BTC=12만엔 대까지 치솟았으나, 2014~2016년 14,000 엔 선에서 안정세를 보였다. 그러다 2017년 12월 233만 엔을 기록했고, 2018년 12월에는 35만 엔 대로 떨어졌다. 2021년 11월 9일 비트코인은 사상 최고치인 777만 엔으로 다시 급등했고, 2022년 211만~560만 엔, 2023년 5월에는 350만 엔 안팎을 기록했다.

가상화폐의 종류도 10년 만에 1,500여 종으로 늘어났지만, 비트코인은 꾸준히 가장 큰 비중을 차지하고 있다.

비트코인은 법정화폐와 달리 국가의 날인이 없고, 아무런 뒷받침이 없다는 점에서 법정화폐와 다르다. 다만, 법정화폐라고 해도 높은 인플레가 되면 국가 보증은 무의미해진다.

그런 점에서 비트코인은 발행 한도가 2,100만 개로 명확하게 정해져 있다. 채굴 가능량의 80%, 약 1,680만 비트코인이 이미 채굴되었지만, 한꺼번에 채굴돼 유통량이 급증하지 않도록 채굴 대가로 얻을 수 있는 비트코인의 양이 순차적으로 줄어들고 있다.

2041년에 채굴이 끝나면 그 이후에는 유통량이 늘어나지 않도록 설계되어 있다. 향후 23년간 매년 그 희소가치가 점차 높아지는 것이지, 법정화폐처럼 천문학적인 인플레이션과 함께 가치가 소멸되는 것은 아니다.

비트코인은 거래 기록으로서의 장부 기재가 있으면 성립하는 통화이기 때문에 국적이 없어도 달러나 엔 등 기존 통화와 동등하게 교환할 수 있다. 기존 통화와의 차이점은 원장이 중앙은행에 국한되지 않고 인터넷 공간에 분산된 데이터센터에서 공유되므로 IT 영역에 있다는 것이다.

시중은행이나 중앙은행의 결제망을 거치지 않고 인터넷을 통해 당사자 간 직접 자금 거래를 할 수 있기 때문에 자금 이동이 빠르고 비용도 기존보다 훨씬 저렴하다. 모든 통화를 자유롭게 교환할 수 있다.

이렇게 보면 가상화폐는 글로벌 금융시대에 걸맞은 기술 혁신의 산물로서 국내는 물론 국경을 초월한 금융 혁명을 이끌 것으로 평가할 수 있다. 그렇기 때문에 세계 각국의 중앙은행이 현금을 대체할 디지털 통화 발행을 검토하는 것인데, 그 전제 조건은 어디까지나 자유로운 금융 시스템이다.

이 비트코인의 반대편에 위치한 통화가 중국의 위안화이다. 위안화는 당이 통제하는 통화 당국에 의해 엄격하게 규제되는 불편한 통화이지만 달러를 기축으로 하는 국제통화 체제에 기생하며 계속 팽창해 왔다. 그 결과 시진핑 정권은 머니 파워를 지렛대 삼아 세계 패권을 노리고 있다.

그 야망 앞에 자유분방한 가상화폐가 맞서고 있다.

시진핑의 야망에 맞서는 비트코인

비트코인이 시진핑 정권을 얼마나 위협하고 있는지는 그래프 5-1을 보면 알 수 있다.

중국 내에서 비트코인 붐이 일면서 부유층과 투자자들이 앞다퉈 비트코인을 구매해 위안화와 교환했다. 2016년 가을부터 2017년 초까지 세계 비트코인 거래 중 위안화와의 거래가 압도적인 점유율을 차지했고, 2016년 1월에는 세계 비트코인 거래가 역대 최대 규모로 증가했는데, 이 중 중국이 차지하는 비중은 무려 90%에 달했다. 디지털 공간을 자유롭게 이동하는 비트코인은 당국의 엄격한 자금 유출 규제를 쉽게 빠져나갔다. 2016년 한 해 동안 비트코인에 대한 위안화 거래는 3,113억 달러에 달했으며, 이 중 하반기에만 2,332억 달러에 달했다. 거래에는 위안화에서 비트코인으로, 반대로 비트코인에서 위안화로 교환하는 경우도 포함되지만, 위안화가 아닌 외화를 선호하는 중국인의 성향을 감안할 때 대부분 위안화 매도를 통한 비트코인 투자로 보는 것이 타당하다.

비트코인의 위협은 다음과 같다. 위안화는 비트코인으로 변신한 뒤 달러 등 외화로 교환된다. 즉, 중국에서 자금이 유출되어 위안화가 외국 외환시장에서 매도되는 것이다. 위안화 환율 변동 폭을 전일 종가 대비 상하 2% 이내로 유지하도록 시장에 개입하는 인민은행은 위안화 폭락을 피하기 위해 외환보유액을 시장에 내놓아야만 한다.

2016년 중국의 외환보유액 전년 대비 감소액은 3,200억 달러이다. 연간 3,330억 달러 상당의 비트코인 거래 중 대부분이 위안화로 비트코인을 구매한 것으로 추정되기 때문에 외환보유액 급감의 원인이 비트코인이라는 것에 시진핑 정권은 당황했다.

중국 투자자들이 비트코인 투자에 혈안이 된 배경에는 위안화 약세가 있다. 시진핑 정권은 수출 주도의 경기 확대를 위해 위안화 약세를 유도했는데, 이를 싫어하는 예금자들이 비트코인에 눈을 돌린 것이다.

세계 최대 규모인 중국의 외환보유액은 최대 시점인 2014년 6월에는

---

1 영국 블록체인 분석업체.

약 4조 달러에 육박했지만, 2017년 말에는 3조 1,000억 달러로 급감했다. 중국의 총통화량은 달러로 환산하면 2017년 말 25조 달러에 달해 미국 달러화의 2배, 일본 엔화의 3배에 근접한다. 이 돈의 10%만 비트코인으로 대체되어도 3조 달러 남짓의 외환보유액 대부분이 사라질 우려가 있다. 게다가 위안화-비트코인 거래량은 2016년 12월의 한 주에만 300억 달러를 넘어섰다. 이대로라면 한 달에 1,200억 달러, 연간 1조 4,000억 달러의 외화가 사라질 수 있다.

이렇게 막대한 자금이 유출되면 위안화 매도 압력은 엄청나게 커질 것이다. 위안화 시세를 엄격하게 규제하는 현행 외환관리제도는 더 이상 버틸 수 없게 되고 위안화는 폭락한다. 그러면 금융시장뿐만 아니라 공산당 지도부가 이끄는 중국 경제 전체가 붕괴 위기에 직면한다.

비트코인 박멸 작전은 두더지 잡기 게임

시진핑 정권의 대외팽창 전략은 거대한 위안화 자금과 외환보유액이 담당한다. 외화 부족과 재정난에 빠져 있는 국가를 겨냥해 차관을 제공하고, 인프라 정비나 에너지 개발 투자를 제안한다. 중국산 제품을 팔고, 중국 노동자를 대량으로 보낸다. 동남아시아·남아시아·중앙아시아·아프리카·중남미에 투자 및 경제 지원을 약속하며 현지 정권을 친중파로 끌어들인다. 채무를 못 갚게 되면 인프라나 부동산을 압류한다. '신新실크로드 경제권'이라는 미명으로 불리는 시진핑 주도의 일대일로는 이러한 세력권 확대 시나리오의 극치다. 중국 주도의 국제개발은행인 아시아 인프라투자은행은 이 외환보유액을 과시해 주요 국가를 참가시키고 국제금융시장에서 외화를 조달하는 것이 목적이다.

시 정권은 막대한 외화자산을 담보로 한 위안화의 신용도를 국제통화기금(IMF) 이사회에 과시하고, 2016년 10월에는 주요 국제통화로 구성된 IMF의 특별인출권(SDR)[2]에 위안화를 편입시키는 데 성공했다. SDR 구성 통화의 기존 순위는 달러-유로-엔-파운드순이었는데, 위안화가 엔화를 밀어내고 3위 자리를 차지했다. SDR 통화는 세계 각국 중앙은행이 외화준비자산으로 보유하며 교환에 응한다. 즉 위안화가 엔화보다 높은 국제통화 지위를 인정받게 된 것이다.

그런데 처음에는 중국 내에서만 조금씩 거래되던 비트코인이 갑자기 시진핑 정권의 위안화 국제화 전략에 제동을 걸었다. 돈의 창출과 흐름을 지배하는 공산당 정권은 곧바로 비트코인 박멸 작전에 돌입했다.

시 정권은 위안화의 SDR 구성 통화 편입이 결정된 지 한 달 후인 2016년 11월에 500만 달러 이상의 해외 송금과 환전에 대한 사전 심사를 시작했고, 2017년 1월부터 개인의 외화 구매 시 사용처를 상세히 보고하도록 하는 등 물밑에서 비트코인 거래에 대한 단속을 강화했다.

비트코인은 인터넷을 통해 거래되지만, 원래 중국 당국은 인터넷에 흐르는 정보를 검열할 수 있는 기술을 손에 쥐고 있다. 중국 내 비트코인 거래량은 2017년 1월 5일 하루에만 81억 달러를 넘어선 후 급감해 같은

---

2 국제통화기금 가맹국이 국제 수지 악화 때 담보 없이 필요한 만큼의 외화를 인출할 수 있는 권리 또는 통화.

달 말에는 그 1,000분의 1 수준으로 떨어졌다. 그래프 5-1에서 알 수 있듯이, 비트코인 제압의 성과는 뚜렷했고, 위안화는 약세를 멈추고 강세로 돌아섰다.

중국 당국이 공식적으로 포괄적인 비트코인 거래 금지를 통보하고 거래소 폐쇄를 명령한 것은 2017년 9월이다. 중국 3대 비트코인거래소인 비트코인차이나(BTCC), 후오비(Huobi), 오케이코인(OKCoin)의 서비스 중단을 발표하면서 전 세계 비트코인 가격이 폭락했다. 사실 이보다 훨씬 전부터 중국 국내 거래소는 한산했다. 법령의 유무와 상관없이 시진핑 정권의 무서운 인터넷 통제력이 발휘된 것이다.

또한 2018년 1월 10일 중국 당국은 중국 내 비트코인 채굴 중단 명령을 내렸다.

채굴을 위해서는 대용량 컴퓨터를 여러 대 연결하여 장시간 풀가동해야 하는데, 가동 중에 고열을 내뿜기 때문에 냉각을 하지 않으면 컴퓨터가 고장 날 수 있다. 냉각을 위해 많은 양의 전력을 소비하기 때문에 채굴업자들은 전기료가 저렴한 수력발전소가 있는 지역에 장비를 설치한다. 중국에서는 수력발전소가 많은 신장위구르, 내몽골, 티베트의 산간 지역 등에 업체들이 몰려들었다. 2018년 1월의 채굴 금지령 직전까지만 해도 중국이 전 세계 채굴량에서 차지하는 비중이 약 80%였다.

비트코인 거래 시장에서 중국의 점유율이 거래와 채굴 모두 다른 국가를 압도하고 있어 당국의 단속이 있을 때마다 시세가 급락하는 사태가 벌어졌다.

중국 채굴업자들은 당국의 금지령이 내려지자 전력 요금이 저렴한 해외로 속속 이전하고 있다. 수력이 풍부한 아이슬란드 등이다.

비트코인과 위안화 거래에도 당국을 피한 우회로가 가능하다. 2018년 시진핑 정부의 비트코인 금지령 이후, 홍콩에 본사를 둔 가상화폐거래소 테더(Tether)는 또 다른 가상화폐 '테더'를 통해 중국 투자자들을 끌어들였다. 테더는 달러 대비 교환 비율을 고정하고 있다. 중국 투자자들은 테더를 위안화로 구입한 후 거래 시스템을 통해 테더를 비트코인 등의 가상화폐로 즉시 환전한다. 그다음에는 달러 등 주요 통화로 전 세계 어느 거래소에서나 환전이 가능하다.

중국 본토 투자자들은 해외 가상화폐 웹사이트에서 거래를 이어갔다. "핀란드에 거점을 둔 가상화폐거래소 기업들이 중국 투자자들로부터 높은 인기를 얻고 있다"라고 보도된 바 있다. *2018년 2월 9일자 『월스트리트저널』 기사.

중국 당국은 허점을 막기 위해 안간힘을 쓰고 있지만, 두더지 잡기 게임을 하는 느낌이다.

시진핑 정권은 바람직하지 않다고 생각하는 웹사이트를 차단하는 필터링이라는 기술에 막대한 예산을 투입해 다양한 수단을 강구해 왔다. 이에 대해 세계 각국의 가상화폐거래소 또한 고도의 인터넷 기술을 가지고 있으며, 필터링을 우회하는 특수한 소프트웨어를 사용하고 있다고 한다. *2018년 2월 6일자 『월스트리트저널』 기사.

공산당 주도의 디지털 통화

시진핑 정권은 비트코인 등 가상화폐 퇴치와 동시에 디지털 화폐 발행 준비를 서두르고 있다. 가상화폐가 가진 자유로움이라는 특성은 빼버리고 국가의 뜻에 따라 좌지우지할 수 있는 디지털 화폐를 제공하고자 하는 것이다.

현금 지폐도 가상화폐도 익명성이 있지만 법정화폐의 디지털 버전이라면 돈의 움직임에 관한 정보가 중앙은행 데이터센터에 집중되어 당국은 결제나 거래가 이루어질 때마다 즉시 사용자를 찾아내 자본도피를 막을 수 있다. 당의 통화 통제는 만전을 기하게 되고 위안화 파워는 가상화폐에 잠식되지 않는다. 중국 인민들은 디지털 위안화라는 '도청장치'를 통해 상시 철저한 감시를 받고 공산당의 감옥에 갇혀 있는 것과 같다. 중국인이 아니더라도 오싹해지는 미래다.

시진핑 정권의 철저한 가상화폐 적대정책의 한편으로, 국제 금융계에서도 가상화폐 배제론이 강하게 제기되고 있다. 가상화폐에 대한 투기가 너무 과열되고, 범죄자금의 세탁, 테러 조직에 대한 자금 지원, 탈세 등에 악용되기 쉽다는 점 때문이다. 하지만 서방 세계에서는 공존을 모색한다. 가상화폐 자체는 정보통신기술(ICT)을 구사한 통화와 금융의 기술혁신의 선물이며, 금융 서비스의 신속성·효율성·편의성을 향상시키는 이점을 놓칠 수 없기 때문이다.

법정화폐인 마오쩌둥 초상화 지폐를 디지털 화폐로 대체할 수요와 동기는 또 있다. 중국 당국은 오랫동안 만연한 위조지폐를 단속하는 데 골머리를 앓아왔다. 디지털화가 이루어지면 그 문제는 일거에 해소가 된다. 2010년대에는 스마트폰을 이용한 결제 시스템의 보급으로 현금이 필요 없는 캐시리스 사회화가 빠르게 진행되었다. 노점, 편의점에서부터 고급 백화점에 이르기까지 쇼핑, 택시비, 심지어 구걸까지 QR 코드를 이용한 '스마트폰 결제'가 이루어지고 있다.

그 결과, 중국에서 유통되는 돈의 총량에서 지폐와 동전이 차지하는 비율은 2018년 기준으로 5%에 불과하다. 같은 시기, 8~9%인 미국과 일본에 비해서 놀랄 만한 현금 이탈을 보였다. 현금을 제외한 돈은 예금인데, 예금이야말로 은행 장부에 추가로 기록되는 숫자의 총합, 즉 디지털 정보이다. 가상화폐도 금융 거래 데이터를 추가하여 기록함으로써 생성되며 예금과 동등한 통화로 간주되지만, 중앙은행의 통제가 불가능하다.

서방 세계에서도 중앙은행이 법정 디지털 화폐 도입을 검토하고 있다. 미·일·유럽의 경우, 금융과 자산 거래는 자유화되어 돈의 흐름에 대한 국가의 통제는 민주주의를 바탕으로 최소한에 그치며 개방적이다.

그러나 인터넷을 중앙정부가 극단적으로 통제하고 감시하는 시스템 아래에서 법정화폐라는 통화·금융의 기반이 디지털로 바뀌면 어떻게 될까? 위안화를 주고받는 모든 정보는 당국의 데이터센터로 보내져 감시 대상이 된다. 중국 이외의 국가도 마찬가지다. 중국의 디지털 화폐 시스템을 도입하고 디지털 위안화와 인터넷으로 연결하면 중국공산당에 의한 감시는 그 나라의 개인과 기업까지 영향을 미칠 수 있게 된다.

시진핑 정권은 디지털 위안화를 축으로 삼은 플랫폼을 해외로 확장하여 대외투자를 전략적으로 전개할 수 있고, 외환보유액 감소를 초래하는 자금 유출을 철저하게 단속할 수 있다. 대외팽창 전략은 계획대로 원활하게 전개된다.

시 정권의 야망을 막을 수 있는 방법은 단 하나, 자본과 금융의 완전한 자유화다. 외환시장과 금융시장이 서방처럼 자유화되면 위안화는 비록 디지털 형태이더라도 달러·엔·유로처럼 자유롭게 변동하게 된다. 요컨대, 위안화가 신용을 잃게 되면 폭락의 위험에 노출될 수 있다.

중국공산당이 위안화 시장을 통제하는 것을 용인하고 방치해온 것은 미국과 영국 주도의 IMF이다. 미영 금융자본은 묵인의 대가로 중국이 조금씩 제공하는 금융 이권에 뛰어들었다. 일본도 다른 아시아 국가들도 경제 발전이 일정한 단계에 오르면 IMF가 미영의 의도에 따라 자본과 금융시장의 자유화, 외환시장의 변동환율제 이행을 강하게 압박했지만 중국에 대해서는 외압이 없었다.

IMF가 2016년 10월에 위안화를 SDR 구성 통화에 추가하면서 달러, 유로에 이어 위안화가 세계 3위 국제통화 자리에 올랐다. IMF는 위안화를 인정하면서 외환시장과 금융의 자유화를 조건으로 내걸었지만 말뿐이었다. 중국은 이를 무시하고 오히려 규제를 강화하고 있다. 이에 대해 뉴욕 월스트리트도 런던 시티도 아무 말도 하지 않는다. 중국은 2017년 11월 방중한 트럼프 대통령에게 증권·보험업의 일부 문호를 개방하겠다고 밝혀 미국 금융자본을 기쁘게 했다. 영국은 위안화가 SDR에 들어가기 전에 위안화 결제센터를 런던 시티에 유치할 수 있게 되었다며 환호했다.

달러 기축 체제 잠식 노린다

시진핑 정권은 2019년 말부터 도시를 지정해 디지털 위안화 도입 실험을 시작했다. 1단계로 2022베이징동계올림픽 대회장·선전·쑤저우·슝안·청두에 도입하고, 2단계로 상하이 등 10개 도시, 3단계로 톈진 등의 도시와 2023년 9월 아시안게임 개최지인 저장성 항저우까지 확대했다. 베이징동계올림픽 개최 전까지 시스템을 완성하여 세계 최초로 중앙은행이 디지털 화폐를 전국적으로 보급할 계획을 세웠지만, 2023년 5월 시점에도 아직 해당 도시 및 지역에서의 실용화 시험의 범위를 벗어나지 못했다.

상하이에 거주 중인 지인들에게 물어보니, 지금의 스마트폰 결제 방식으로도 충분해 굳이 디지털 위안화 앱을 사용할 필요가 없다고 입을 모았다.

도입 테스트가 진행되고 있는 도시의 슈퍼마켓과 편의점에서는 "디지털 위안화로 결제 가능"이라는 안내문이 붙어 있지만 대부분의 주민들은 무시한다. 중국에서는 스마트폰을 이용한 모바일 결제 서비스가 이미 보급되어 있다. 중국에서는 신용카드가 보급되지 않았던 만큼, 스마트폰을 손에 쥔 소비자들이 한꺼번에 모바일 결제로 옮겨갔다. 소비자들은 알리바바 계열 앤트의 '알리페이'와 인터넷 서비스 대기업 텐센트 계열의 '위챗페이'에 익숙하다.

알리바바 등 민영기업의 공공 인프라라고 할 수 있는 모바일 결제의 보급은 시진핑 정권의 통제가 불가능한 거대한 경제 영역을 의미한다. 알리바바 등은 거대한 금융 서비스업을 창출하고 사실상 지배한다. 시민의 개인 데이터도 대량으로 수집한다. 시 정권은 이를 당의 통제하에 두고 싶어 한다. 이 결제 인프라를 그대로 가져가려는 것이 인민은행이 발행을 준비 중인 디지털 위안화 플랫폼이다.

정부는 디지털 위안화 결제 보급을 위해 갖은 방법을 동원한다. 공무원의 경비를 디지털 위안화로 지급하거나 신규 사용자에게 소액을 제공하고 중국공상은행(ICBC)이 쓰촨성 청두에서 혼인신고를 한 선착순 20쌍의 부부에게 디지털 위안화 199위안을 카드로 증정했으며, 2023년 2월에는 선전과 홍콩을 오가는 주민들을 대상으로 1회 결제에 200위안부터 최대 999위안까지 디지털 위안화를 증정하는 캠페인을 계속했다. 외국인이 많은 홍콩까지 대상에 포함시킨 것은 디지털 위안화 국제화의 포석이기도 하다.

시진핑 정권은 강권을 발동해서라도 스마트폰에 디지털 위안화 앱을 탑재하고, 알리페이나 위챗페이를 대체하고 싶어 한다.

2020년 11월 초 시 정권은 앤트그룹을 압박하기 시작했다. 중국과 홍콩에서 예정되어 있던 앤트의 IPO를 연기하는 동시에 인민은행을 비롯한 당국은 앤트에게 새로운 금융지주회사 설립을 명령했다.

이에 따라 앤트는 지주회사 전환 계획을 2022년 6월에 인민은행에 제출했다. 승인되면 당이 사실상 지배하는 인민은행의 감시하에 놓이게 된다.

서방 언론은 일제히 앤트를 산하에 둔 알리바바그룹의 창업자이자 중국 최대 자산가인 마윈이 중국 금융당국을 비판하는 발언을 한 것이 IPO 중단의 계기가 되었다고 보도했다. 마윈은 같은 해 10월 24일 은행계, 금융감독 당국 및 정부 요인이 참석한 상하이 회의에서 중국의 은행은 마치 "경로당"이며 "전당포" 정도의 감각으로 영업하고 있다고 직격탄을 날린 바 있다. 시진핑은 그 보고를 듣고 격노했다고 한다.

다른 동기도 있다. IPO는 거액의 달러 자금을 조달할 수 있는 방법이기도 하지만, 외국의 지분율이 높아지기 때문에 외국인 주주의 의사가 중요해진다. 그렇게 되면 당에 의한 앤트 경영 지배에 차질이 생길 우려가 있다.

시 정권은 앤트에 대한 압박을 계속하고 있으며, 현재까지 금융지주회사 전환 신청을 보류하고 있다. 게다가 같은 시점에 제출한 앤트의 IPO 재신청도 허가하지 않고 있다.

또한 알리바바에 대해 국가시장감독관리총국은 2020년 12월부터 시장지배적 지위의 남용에 대한 조사를 시작했고, 이듬해 4월 관리총국은 반독점법 위반으로 벌금 182억 2,800만 위안(한화 약 3조 원)의 행정처분을 내렸다고 발표했다.

시진핑 정권은 디지털 위안화 실용화 시도와 동시에 본토로부터의 끊임없는 자본도피 창구인 홍콩을 완전히 장악하기 시작했다. 시 정권은 2020년 6월 홍콩 국안법 적용을 강행해 국제금융센터를 중국공산당의 감시와 통제하에 두었다. 1949년 중화인민공화국 건국 이래 당의 달러 조달 거점인 홍콩에 대한 '장기적 타산과 충분한 활용' 노선에 대해 서방 전문가들로부터 "'자유홍콩'의 특색을 잃어가고 있다, 잘 작동하지 않는다"는 지적을 받기도 했다. 하지만 시 정권은 이런 우려를 불식시키듯 알리바바를 필두로 거대 자본을 홍콩 거래소에 속속 상장시키며 홍콩 주가를 끌어올렸다. 탐욕스러운 서방의 기관투자자, 투자펀드, 대형 금융자본이 몰려들 바탕을 마련한 것이다.

트럼프 행정부는 국안법에 맞서 홍콩자치법에 서명해 금융 제재를 발동할 수 있는 법적 근거를 확보했지만, 실제 제재 대상은 홍콩 자치권 침해에 관여한 홍콩과 중국의 하급관리 10명에 불과했다.

미국은 2019년 11월 홍콩 달러와 미국 달러의 교환을 금지할 수 있는 홍콩인권민주주의법을 이미 제정한 상태였다. 이 법을 발동하면 위안화와 자유롭게 교환할 수 있는 홍콩 달러를 통해 달러를 확보하는 중국 본토에 큰 타격이 될 수 있었으나 백악관은 이를 보류했다. 국제금융시장 전체가 패닉에 빠질 위험을 고려했기 때문이다.

홍콩 금융시장을 엄격하게 감시하는 정치적 기반을 구축하는 것이 국안법의 가장 큰 목적이다. 게다가 디지털 위안화 결제로 홍콩을 끌어들이면 누가, 언제, 어디서, 어떻게, 어디로 돈을 움직이고 있는지의 여부를 장악할 수 있을 것이다. 시 정권은 디지털 위안화를 홍콩에 침투시키면 자본도피를 근절할 수 있다고 판단한 것 같다.

시진핑의 야망은 끝이 없다. 일대일로를 통한 비즈니스 거래에 더해 미국·일본·유럽·중남미와의 무역 거래에서 디지털 위안화 결제가 확산되면 기축통화인 달러에 의한 금융 네트워크를 크게 무너뜨릴 수 있다.

미국이 패권국인 까닭은 달러의 유통을 매개하는 미국 금융기관을 통해 전 세계의 기밀 정보를 쉽게 입수하여, 적대적인 개인이나 기업, 정부를 핀포인트로 정확히 제재할 수 있기 때문이다. 국경을 넘는 결제 거래가 타국 통화와 교환이 여의치 않은 현지 통화로 이루어지면, 그 통화로 된 거액 자금을 손에 넣은 사람은 일단 기축통화인 달러로 바꿔야 한다. 달러로 자산을 운용하는 것이 압도적으로 편리하고, 달러를 통하지 않으면 다른 통화로 환전할 수 없기 때문이다. 달러 자금을 넉넉히 준비할 수 있는 미국 은행이 그때 역할을 하게 된다.

외환거래와 자본 및 금융거래에서 자유롭지 못한 위안화가 디지털 화폐가 된다 해도 당장 전 세계에 보급되지는 않을 것이다. 하지만 시진핑 정권은 무역 결제를 중심으로 한 디지털 위안화를 서서히 상대국에 침투시켜 상품 공급력을 발판 삼아 궁극적으로 달러 기축통화 체제를 무너뜨리는 전략을 그리고 있다.

디지털 위안화에 등 돌리는 시민들

디지털 위안화는 지폐와 마찬가지로 인민은행이 발행해 시중은행에 공급한다. 상업은행의 예금계좌를 통해 일반인이 이용할 수 있는 기존

은행 시스템은 그대로 유지된다. 결국 "전당포 같다"고 알리바바의 마윈이 꼬집은 시스템은 거의 변하지 않는다.

소비자와 기업이 알리페이나 위챗페이를 통해 스마트폰이나 컴퓨터로 결제하던 것을 중국 당국은 최종적으로 디지털 위안화 앱으로 통일하고자 한다. 그렇게 되면 알리바바와 텐센트가 독점해온 14억 인구 시장의 전자거래 데이터는 디지털 위안화를 통해 당이 지배하는 인민은행으로 통합된다.

돈은 모든 개인이나 기업 등 조직의 정보를 수반하기 때문에 지금까지는 국민 감시 시스템을 밀고나 감시카메라 등에 의존해온 중국공산당이 통화의 디지털화를 이용해 더욱 누수 없이 촘촘하게 들여다보게 될 것이다. 눈에 보이지 않는 공포의 감시 사회 시스템이 완성되는 것이다.

하지만 중국에 돈에 관한 한 진정한 애국자는 없다. 위안화 국제화의 비장의 카드로 시진핑이 보급을 추진 중인 디지털 위안화는 자본도피 방지가 큰 목적이지만, 아이러니하게도 2023년 현재 당국의 보급 노력 자체가 중국으로부터의 자본도피를 가속화하는 상황이 되었다. 자금의 추적을 두려워한 중국 내 부유층과 어느 정도 자산을 가진 시민들이 디지털 위안화에 대한 경각심을 강화하게 된 것이다. 이들은 디지털 위안화 사용이 의무화되기 전에 해외로 자산을 옮기는 데 열을 올리고 있다.

시진핑 정권은 코로나바이러스 감염을 제로로 만들겠다는 사실상의 쇄국정책인 '제로코로나'를 2022년 12월에 중단하고 2023년부터 해외여행 제한을 해제했다. 그러자 중국이 싫어진 사람들의 해외 이주 물결이 일어났다.

서방 언론은 이러한 배경에 대해 3기째 집권 중인 시진핑 정권이 '공동 부유' 정책을 내세우고 인터넷기업을 비롯한 민영기업을 압박하는 등 지배 체제를 한층 강화한 것을 꼽고 있다. 개인 간 자금 거래에 대한 디지털 위안화에 대한 경계심이 높아지는 것도 큰 영향을 미쳤다.

돈은 사람과 함께 움직인다. 시진핑 정권이 코로나바이러스 감염 봉쇄를 위한 여행 제한을 해제하면서 많은 시민들은 자산을 처분하고 탈출을 고려 중이다.

디지털 위안화가 본격화되면 자산 은닉이나 해외 반출도 금지될 수 있다. 부유층과 아파트를 두 채 이상 보유한 상하이 등의 중산층 상위 시민을 필두로 디지털 위안화 사용 강제화 이전에 자산을 해외로 빼내기 위해 거의 패닉 상태에 빠진 것도 무리는 아니다.

필자가 아는 재일중국인 A씨는 일본에서 30년 이상 거주하고 있는 셀럽이다. A씨는 최근 출신지인 상하이의 동료 셀럽 친구 몇 명으로부터 같은 상담을 받고 있다. 도쿄 도심에 3억~5억 엔짜리 초호화 아파트를 구입하고 싶다는 것이다. 일본 엔화 약세와 부동산 시세 하락으로 중국인들에게 일본 부동산 사재기는 오래전부터 있어 왔는데 최근의 구매 동기는 "디지털 위안화 사회가 무서워서"라고 한다. 중국으로부터의 송금 한도는 1인당 5만 달러이다. 하지만 해외에서 설립 후 10년 이상 사업 실적이 있는 법인과 거래하면 더 큰 규모의 자금을 움직일 수 있기 때문에 일본에서 파트너를 확보하고 싶다고도 했다고 한다. A씨는 "자산이나 자금 거래가 당국에 파악되는 것만으로도 두렵다. 언제 재산이

그래프 5-2 **중국의 국제수지(억 달러)**

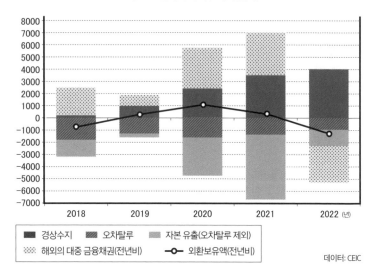

데이터: CEIC

동결, 몰수될지 모르기 때문이다"라고 진지하게 말했다.

애초에 돈이라는 것은 현금이라면 익명성이 있기 때문에 안전하다. 이
전에 중국 당국이 부정축재를 한 당 간부가 소유하고 있는 아파트에 들
어갔더니, 방 하나가 온통 현금으로 천장까지 가득 차 있었다고 한다. 현
금이 불편하다면 금 등 귀금속을 이용하는 방법도 있어서 중국에서는
금에 대한 인기가 높다. 더 안전한 것은 해외로 돈을 빼돌리는 것이다.

부유층의 해외 이주는 2022년 12월 시진핑 정권의 제로코로나정책이
종료된 이후부터 가속화되고 있다. 이러한 배경에 대해 서방 언론은 집
권 3기에 접어들며 지배 체제를 더욱 강화한 시진핑 정권에 대한 반감을

꼽고 있지만, 본심은 반정부도 아니고 반공산당도 아니다. 실제로 경제가 순조롭게 성장하는 동안 당의 독재에 불만을 토로하는 시민은 거의 없었다. 많은 중국인의 진정한 동기는 자산 보존에 있다. 부유층은 물론이고, 어느 정도의 금융 자산과 부동산을 가진 일반 시민들도 디지털 위안화에 위협을 느끼기 시작했다.

그래프 5-2는 시진핑 정권 2기 차 5년간 중국의 국제수지 동향이다. 2021년 5,300억 달러에 달했던 자본 유출이 2022년에는 여행 제한 조치로 인해 1,400억 달러로 줄었다가 2023년에는 다시 급증할 것으로 보인다. 게다가 해외의 대중 투자도 부진하다. 시 정권이 디지털 위안화 보급에 열을 올리면 올릴수록 심각한 자본 유출에 시달릴 것이다.

디지털 위안화는 집권 3기 차 시진핑 주석에게 기축통화인 달러가 지배하는 영역에 대한 공격의 유력한 무기이지만, 내부의 적과 마주하지 않을 수 없게 되었다.

제6장

꽉 막힌
고도성장 모델

철도 수송량으로 보는 중국의 실물경기

자본 유출입 규제를 전제로 한 중국의 통화정책은 위안화가 대규모 투기자금의 표적이 되는 것을 극도로 싫어한다. 그래서 외국과의 거래로 국내에 들어오는 외화는 인민은행이 전적으로 매입하고 달러 대비 환율을 관료들이 관리해 일방적으로 위안화 강세가 진행되는 것을 막는다. 이렇게 위안화를 저평가된 상태로 고정시키는 조치가 1949년 건국 이래로 시행된 '달러 대비 위안화 페그(고정)제'다. 약간의 변동 폭을 허용하는 2005년 7월 이후의 관리변동환율제도 마찬가지다. 당이 돈을 통제하는 중국으로서는 최적의 현명한 조치였다.

그러나 미국이 금리 인상 등 달러 강세 정책을 취하거나 각국이 금융완화를 통해 달러화 대비 자국통화 안정 정책을 취하면 저평가된 위안화도 상대적으로 상승한다. 위안화 강세로 수출이 부진해지더라도 위안화를 평가절하하는 선택지를 취하기는 어렵다. 위안화 자산 감소를 우려한 중국 자산가 및 투자자들이 위안화 매도, 달러 매수에 나서는 등 자본도피가 일어날 수 있기 때문이다. 실제로 2015년 여름 인민은행이 위안화를 평가절하했을 때 엄청난 위안화 매도가 발생해 금융위기에 빠질 뻔했다. 당시 미 연준 의장 재닛 옐런(현 바이든 행정부의 재무장관)은 국제금융시장에 미칠 악영향을 우려해 금리 인상 계획을 1년 연기하는 도움을 주었다.

일본은 리먼 쇼크 이후 초엔고 국면에서는 중국에 진출해 있던 일본 기업으로부터의 수출이 활발했다. 그러나 2012년 12월부터 시작된 아베노믹스 효과로 엔화가 크게 약세로 돌아서면서 국제 경쟁력을 회복하자 일본 내에서 생산량을 늘리는 길을 선택하는 일본 기업이 나오기 시작했다. 그것이 일본 산업계 전체로 확산되면서 중국에서의 수출은 더 이상 증가하지 않을 것이라는 우려가 있었지만, 그렇게 되지 않았다. 일본 시장은 만성적인 디플레이션에서 벗어나지 못하고 연평균 0%대의 경제성장률에 머물렀지만, 중국은 경제성장률이 더 이상 두 자릿수로 지속되지 않더라도 일본보다는 훨씬 더 높은 성장을 기대할 수 있기 때문이다.

이렇게 중국 경제는 성장률 둔화에도 불구하고 이전과 같은 페이스로 생산량을 늘려 나간다. 공산당 주도 경제에서는 기업이 물건을 많이 만들면 당 간부에게 칭찬을 받는다는 나쁜 관행이 있다. 생산량이 매출로 평가되기 때문에 어쩔 수 없이 과잉으로 생산하게 된다. 수출 공세는 과잉생산, 과잉재고를 감안하면 당연한 귀결이다.

예를 들어, 적자 상태인 국유기업이 생산을 축소하고 직원을 해고하고 싶다 하더라도, 기업 경영을 총괄하는 공산당 간부들이 책임을 추궁당하니, 대책 없이 현상을 용인하고 말게 되는 것이다. 대형 국유기업도 공산당 간부가 국가 정치 권력과 직접적으로 연결된 중앙위원이기도 하기 때문에 구조조정 등이 쉽지 않은 구조로 되어 있다.

후진타오 정권 시절에는 8% 경제성장률을 사수하는 '보팔(保八)'이 관례였다. 이는 당 관료들이 관영사업을 통한 수입의 8%를 자신의 이권으로 삼는 관행이 배경에 있다. 중국의 경제성장률이란, 그해 3월에 열리는 전인대에서 정부의 목표라고 발표되는 수치가 통상적으로 달성되는 것으로 되어 있다. 이 목표치라는 것은 전년 가을의 당 중앙 경제공작회의에서 결정된다. 목표치에 따라 국유기업, 중앙정부, 지방정부 및 정부기관의 자금 계획과 예산이 결정된다. 즉 8%의 경제성장을 달성하지 못하면 당 관료들은 기득권을 확보할 수 없게 되는 것이다.

그러나 시진핑이 당 총서기로 실권을 잡은 2012년에는 당국 발표의 실질 성장률이 7.9%로 8% 선을 밑돌았고, 국가주석에 취임한 이듬해 시진핑 시대가 도래하면서 '보팔'은 끝났다.

이는 '낙수효과의 구조'가 점점 더 좁아진다는 것을 의미한다. 신규 졸업생, 농촌의 잉여 인력에 의한 공장 노동자(농민공) 등 신규 인력을 흡수하기 위해서라도 8% 성장률은 필요했지만, 성장률이 8%를 밑돌아 기존 인력을 유지할 수밖에 없는 상황이었는데 현재로서는 그것도 할 수 없다. 그렇게 실업자가 늘어나면 정부에 대한 불만이 쌓이고 사회 불안으로 이어진다. 성장률이 8%대를 밑돌던 시기에 민중폭동이 연간 30만 건이나 발생했던 배경이다.

2013년 중국의 실질 GDP는 7.8%로 고성장을 이어갔고, 2015년까지

그래프 6-1 **중국의 실질 경제성장률과 정부 목표(%)**

시진핑 당 총서기 취임

시진핑 3기

리먼 쇼크

── 실질 경제성장률   ----- 정부 목표

데이터: 중국국가통계국, CEIC

7%대 성장을 유지했다. 미·일·유럽에서 실질 성장률이 7%대라면 엄청나게 높은 수준의 호황을 누리고 있을 텐데, 중국에서는 불황의 기운이 강했다. 도대체 이것은 무엇을 의미하는 것일까?

사실 중국의 GDP 통계가 신빙성이 부족하다는 것은 다름 아닌 리커창 중국 총리가 인정한 바 있다. 리 총리는 시진핑 정권 출범 이후 10년 동안 총리 자리에 있었다. 랴오닝성 당서기 시절인 2007년 당시 그는 "GDP는 인위적인 조작이 가해질 수 있지만, 철도화물 수송량은 운임 수입을 기준으로 산출하기 때문에 속일 수 없다"고 주중미국대사에게 털어놓으며, 철도화물 수송량과 은행 대출 동향을 경제 통계로 중시하고

데이터: CEIC

있다고 솔직하게 말했다.

사실 농어업과 공업 부문, 즉 상품 생산이 GDP의 50%가 넘는 중국에서는 물류의 움직임이 경제활동에 크게 반영된다. 철도화물 수송량은 흐름 기준으로 물건의 움직임을 보여준다. 예를 들어 공장에서 출고되는 화물, 즉 생산 측면의 수준에서 출하량이 측정되는 것이기 때문에 철도화물 수송량 증가를 실물경제, 즉 실질 경제성장률로 해석할 수 있다.

그래프 6-2는 중국의 실질 성장률과 철도화물 수송량의 상관관계를 나타낸 것이다. 실질 성장률은 물량의 변화를 의미하므로, 물량 자체인 철도화물 운송량의 변화로 나타난다.

2012년 철도화물 수송량은 전년 대비 제로, 혹은 마이너스로 떨어졌다. 그러나 중국 정부가 발표한 GDP의 실질 성장률은 7.7%로 큰 감소라고는 할 수 없으니 상당한 차이가 있다. 철도화물 수송량의 증가가 제로인데 GDP가 그렇게 많이 감소하지는 않았다는 것은, 실질 GDP를 구성하는 각 부문 생산 보고를 각 지방정부의 당 관료가 속이고 있을 가능성이 높다. 그래도 과잉생산이 크면 속일 수 없을 것이다. 실제로 과잉생산 때문에 출하하지 못하고, 창고나 다른 부지에 쌓여 있거나, 폐기물로 마구 버려지거나, 불태워지고 있을 것으로 추측된다.

중국 비즈니스 모델 확장의 한계

중국 기업의 물타기 실태는 미국 증권거래소가 2002년 7월부터 시행한 '사베인스-옥슬리법Sarbanes-Oxley Act'[1]을 2006년 무렵부터 중국 기업에도 적용하기 시작하면서 점차 드러나고 있다. 미국은 적극적으로 허용하던 중국 기업의 상장 심사를 매우 엄격하게 하여 지금은 오히려 퇴출시키고 있다. 재무 내용이 허위투성이인 사건이 자주 발생하니, 투자자를 속이는 중국 기업의 상장은 용납되지 않는 상황이 되었다. 또한 화웨이와 같은 인민해방군과 관련된 기업이 기업 인수를 시도하게 되면, 역시 안보상의 이유를 들어 제동을 건다. 이렇게 중국 기업의 미국 시장 진

---

1 2002년 7월 제정된 미국의 상장기업 회계 개혁 및 투자자를 보호하기 위한 법. 미국 에너지 기업 엔론의 대규모 회계조작 사건 이후 기업의 내부 통제 강화를 목적으로 제정됐다.

출은 한계에 도달하게 되었다.

위안화를 조작해 외국 자금을 끌어들이고, 상품 대금으로 제품을 만들고, 세계로 팽창하는 중국의 비즈니스 모델 자체가 벽에 부딪히고 있다. 외국자본 입장에서도 매력적인 저임금에 더해 향후 중국 내수 수요 증가도 기대하고 있었는데, 임금 수준을 올리지 않을 수 없는 상황이 되었을 뿐만 아니라, 내수 또한 좀처럼 증가하지 않는 것으로 나타났다.

중국은 중산층 비율이 그리 높지 않다. 2020년 5월 전인대 폐막 후 리커창 총리가 실질 수입 기준(세금, 사회보험료 등을 지불한 후의 가처분소득) 월 수입 1,000위안(한화 약 17만 원)으로 생활하는 사람이 6억 명에 달한다고 밝혀 세계를 놀라게 했다. 이는 중국 전체 인구의 약 42%를 차지한다.

중국 인구의 40% 이상이 빈곤층이다. 이들에게까지 풍요로움이 퍼져 나가기 전에 실업과 환경 문제로 성장에 한계가 오지 않을까 우려되는 것이 현실이다. 그럼에도 불구하고 여전히 정부 전복으로 이어지는 폭동이 일어나지 않는 것은 엄격한 인터넷 정보 통제와 비판 세력을 용납하지 않는 철저한 인민 감시와 탄압이 존재하기 때문이다. 국지적으로 시위가 일어나고, 인터넷상에 정부 비판이 올라오면 즉시 지워진다.

2023년 현재, 앞서 언급한 폭동 건수는 알 수 없지만 그것이 폭동이 줄어들고 있다라는 것을 의미하지는 않을 것이다.

막대한 예산과 인력을 투입하는 중국의 디지털 네트워크 모니터링 기술 및 체계는 세계적으로 유례가 없다. 정보가 확산되지 않기 때문에 국지적인 시위가 전국적으로 확산되지는 않는다. 프랑스 혁명·러시아 혁명 등 과거 혁명의 발단이 된 시민 폭동은 모두 대도시에서 일어났지만,

중국의 베이징·상하이 등 대도시 주민들은 그곳에 호적이 있다는 이유만으로 특권계급이며, 공산당에 대해 별다른 거부감을 느끼지 않는 시민이 다수를 차지한다. 특권계급에 칼을 겨누고 대항할 수 있는 조직도 없다.

공산당이 가장 두려워하는 것은 종교다. 역사적으로 중국의 농민 폭동은 기독교의 이름을 빌린 태평천국의 난을 비롯해 황건적의 난, 백련교도의 난 등 모두 종교 폭동이다. '파룬궁'[2]이 사교邪敎로 혹독한 탄압을 받고 있는 것도 종교 단체가 대중을 조직하면 전국에 침투할 수 있기 때문이다.

상하이에서는 돼지국밥이, 베이징에서는 담배가 공짜?

중국이 과잉생산을 막지 못하면 '세계의 공장'에서 '세계의 쓰레기장'으로 전락할 것이다. 경제의 모순은 사막화, 극심한 환경오염 등 국토 전체의 붕괴라는 형태로 나타날 것이다.

오염이 극심했던 2013년, 중국 인터넷상에 '상하이 시민은 공짜로 돼지국물을 마실 수 있고, 베이징 시민은 공짜로 담배를 피울 수 있다'는 등의 글이 올라왔다. 이는 식수로 쓰이는 상하이 황푸강에 병들어 죽은 돼지 사체 1만 마리가 불법 투기된 것과 베이징에 하루만 머물면 초미세먼지로 인한 대기오염으로 담배 21개비를 피운 것과 같다는 것을 자조

---

2 불가와 도가를 기반으로 한 기공(氣功) 수련법으로 인격 수양과 신체 단련을 결합한 것이 특징이다.

적으로 비꼬는 내용이다. 생활쓰레기 양은 1985년 4,477만 톤에서 2012
년 1억 7,081톤으로 급증했고, 2030년에는 5억 톤 안팎에 달할 것이라는
예측도 있다.

2013년 중국의 중앙정부인 국무원은 '대기오염 방지 행동계획'을 발
표했다.

그 내용은 "2017년까지 전국 도시의 미세먼지(PM10)를 2012년 대비
10% 이상 낮추고, 대기환경이 좋은 날의 일수를 매년 증가시킨다. 또 초
미세먼지(PM2.5) 농도를 베이징시, 톈진시, 허베이성에서 25%, 양쯔강 삼
각주에서 20%, 주강 삼각주에서 15% 안팎까지 낮춘다. 특히 베이징시
에서는 초미세먼지 연평균 농도를 1세제곱미터(m^2)당 60마이크로그램
(μg) 내외로 낮춘다"는 것이다.

또 기간산업의 탈황(유해 작용을 하는 유황화합물 제거), 탈질(배기가스 중 질소
산화물 제거), 제진(공기 중의 미세한 먼지 등 제거)을 위한 시설 개축 추진, 신에
너지 자동차 보급 촉진, 연료유 품질 향상 가속화 등의 대책도 내놓았다.
이 외에도 2017년까지 전체 에너지 소비에서 석탄이 차지하는 비중을
65% 이하로 낮추겠다는 목표를 세웠다. 중앙정부와 각 지방정부가 목표
책임서에 서명하고, 연도별 평가 결과에 따라 책임을 엄격하게 묻는다고
했다.

그러나 2023년 현재에도 근본적인 해결에 이르지 못하고 있다.

초미세먼지로 인한 대기오염은 여전히 심각하다. 중앙정부는 때때로
공장 가동을 중단시키고 엄격한 자동차 운행 규제를 실시하기도 한다.

2014년 11월 아시아태평양경제협력체(APEC) 정상회의가 베이징에서 열렸다. 이 기간 동안 공장 가동 중단과 차량 운행 제한으로 베이징 하늘에서 스모그가 사라지고 오랜만에 푸른 하늘이 돌아왔다는 소식이 세계 언론에 보도되기도 했다. 하지만 그것도 잠시, 회의가 끝나자마자 다시 평소의 '베이징 그레이'로 돌아갔고, 중국 언론과 인터넷에서는 'APEC 블루'라는 조롱조의 표현이 등장했다.

일본도 비슷한 시련을 겪었던 시기가 있었다. 1950년대 중반부터 1970년대 초에 이르는 고도 경제 성장기에는 공장에서 나오는 매연을 '이것이 일본 활력의 상징'이라고 환영했었다.

중공업 지대인 기타큐슈시 등에서는 매연으로 뒤덮인 하늘을 '일곱빛깔 하늘'이라고 긍정적으로 보며 자랑스러워하기까지 했다. 필자도 고치현에서의 초등학교 시절, 가까운 제지공장의 낮은 굴뚝에서 학교 운동장까지 석탄 연기가 흘러나오고, 사람들은 그것을 아무렇지 않게 들이마셨다. 그런 시대였다.

하지만 각지에서 공해병이 빈번하게 발생하면서 산업계도 언론도 발상의 전환을 압박받았다. 심지어는 이권에 찌든 정치인들도 여론이 높아지면서 공해 반대가 선거에 유리하다고 판단되자 "공해는 퇴치하지 않으면 안 된다"고 말하기 시작했다. 기업의 영향력 때문에 평소에 대기업에 대해 고개도 들지 못하던 정치인들과 공무원들이 순식간에 바뀌었다. 이것이 바로 민주주의다.

반면 중국에서는 정부 수뇌부가 입만 열면 환경 대책을 강조해도 어떤 지방정부도 실제 행동으로 옮기는 경우가 적고, 여전히 생산이 우선이다.

중국의 대기오염이 심각해진 큰 요인 중 하나는 사실 일본의 엔차관 중단이다. 2006년 고이즈미 준이치로 총리가 신규 엔화 차관을 2008년에 중단하기로 결정한 것이 중국의 환경 대책에 큰 타격을 입혔다. 지방정부와 전력회사 등 국영기업은 황산화물 탈황장치, 방진 등 공해 방지를 위한 청정 설비 비용을 중앙의 특별계정에서 받을 예정이었는데, 그 특별계정의 재원이 엔차관이었기 때문이다. 일본의 자금 지원이 끊기면서 지방정부는 환경 대책을 위한 설비투자를 더 이상 하지 않게 되었다고 한다.

중국 신문에 "대기오염은 중국에 진출한 외국 기업 탓이다"라는 기사가 나온 적이 있는데, 이는 환경 보호를 자기 책임으로 여기지 않고 다른 나라에 돌리는 염치없는 표현이다.

버블 붕괴로 흔들리는 사상누각

'차이나 리스크'라는 말이 세계 금융시장에서 회자된 지 오래다. 차이나 리스크는 중국 특유의 정치·경제·사회적 요인으로 인해 중국을 대상으로 한 투자 및 상거래를 하는 외국 기업의 경제활동이 위험에 노출될 수 있다는 것이다. 그 유력한 근거로 '부동산 버블 붕괴설'이 거론되고 있다.

그래프 6-3 **중국 전체 주택 평균 시세의 전년 대비 증감률(%)**

── 기존 주택 가격의 전년 동기 비율	······ 실제 가격 기준

데이터: 중국국가통계국, CEIC

    중국 부동산 시세는 2013년부터 하락하기 시작해 2014년 초부터 이 듬해 말까지 폭락, 이후 주춤하다가 2018년부터 2020년 말까지 상승세 를 이어갔다. 그리고 2021년 초부터 상승세가 둔화되어 같은 해 9월에는 전년 대비 마이너스로 떨어졌고, 2023년 2월까지 마이너스가 이어졌다. 그래프 6-3은 전국 평균 주택 가격의 전년 동기 대비 증감률이다.

    2014~2015년 당시 부동산 가격 침체가 중국 전역으로 확산되면서 일 부 지방 중소도시의 고층 아파트 단지가 텅텅 비어 유령단지로 변했다.

    중국 쓰촨성에서 태어나 2007년 말 일본으로 귀화한 세키헤이 씨는 날카로운 중국 분석으로 유명한 평론가이다. 중일 정치·경제·외교 문제 를 통해 이전부터 중국의 부동산 버블 붕괴설을 주장해 왔다.

그에 따르면 2013년 12월 말 시점에 중국 부동산 업계의 핵심 인물이 "부동산 버블이 터진 스페인이 중국의 내일"이라고 말했다고 한다. 2012년 유로존 국가 중 4위의 경제 규모를 가진 스페인의 부동산 거품이 붕괴되어 유럽은 물론 전 세계를 놀라게 했는데, 이번에는 중국의 차례라는 것이다.

1997년 영국이 홍콩을 반환할 당시 『니혼게이자이신문』 홍콩지국장이었던 필자가 친하게 지냈던 홍콩 재벌 창장실업그룹의 총수 리자청은 1990년대 덩샤오핑과의 인연으로 중국에서 대규모 부동산 개발 사업을 벌인 인물인데, 그는 항상 리스크를 감안해 중국 본토에 투자한 금액은 3년 안에 회수한다는 원칙을 가지고 있었다. 그만큼 중국 부동산 투자의 리스크는 크다.

이 장창실업그룹이 중국 내 부동산을 2013년 한 해 동안 모두 팔아치웠다. 이 무렵 중국 정부 측 경제학자 중에는 "지방의 중소형 도시에서는 이미 부동산 버블 붕괴가 시작됐다"는 견해가 나올 정도였다.

단순히 부동산이나 주식 등 자산 가격이 폭락하는 상황을 '버블 붕괴'로 판단하는 것은 부적절하다. 버블 붕괴라는 것은 엄밀히 말하면 금융의 현상이며, 결국은 금융시장 위기, 혹은 금융기관의 파산으로 인해 실물경제로 흘러가는 돈이 얼어붙어 대불황을 초래하는 것이다.

예를 들어 이런 흐름이다. 자산 가격이 지속적으로 하락하는 가운데, 부동산 관련 대출이 연체되어 금융기관의 부실채권이 늘어난다. 그것이 대외적으로 드러나면 공황상태가 된다. 이렇게 해서 버블 붕괴가 시작되면 은행 등에는 예금이 모이지 않고 금융시장에서의 자금 조달도 어려워진다. 은행은 신규 대출은커녕 대출금을 회수하려고만 하기 때문에 돈이 돌지 않게 된다. 그렇게 해서 국가 전체의 실물경기가 급속히 침체되어 장기 불황에 빠지게 된다. 기업도 경영난으로 수익률이 낮아져 주가가 급락하고 회복이 어려워진다.

이것이 바로 1990년대 시작된 일본의 버블 붕괴와 그 후의 만성적인 디플레이션 불황의 실상이다.

리먼 쇼크도 버블 붕괴의 전형이다. 리먼 쇼크는 2007년경 발생한 서브프라임대출 문제에서 비롯됐다. 서브프라임론이라 불리는 미국의 저소득층을 대상으로 한 고금리 주택담보대출이 부실화되면서 이 대출을 기반으로 한 금융상품도 덩달아 부실이 커졌다. 그로 인한 미국의 대형 헤지펀드인 리먼브라더스의 파산으로 촉발된 것이 바로 리먼 쇼크다.

이 글로벌 금융위기의 여파는 2009년 그리스 위기, 2012년 스페인 위기에도 영향을 미쳤다. 리먼 쇼크 직후에는 많은 전문가들 사이에서 '달러 몰락' 예상이 흘러나왔으나 실제로 위기에 빠진 것은 달러에 도전해야 할 유로였다. 또 엔화는 초엔고로 치달아 수출은 부진하고 디플레이션 압력에 노출된 일본 국내 경제의 침체는 미국이나 유럽보다 더 심했다.

리먼 쇼크 이후 유럽과 일본이 당황하고 있는 사이, 미국은 1990년대 버블 붕괴 불황을 겪었던 일본의 전철을 밟지 않기 위해 기존의 통화·금융 정책의 정석을 깨고 새로운 방안을 강구했다.

미 연준은 우선 1단계로 대규모 달러화 자금을 발행하는 양적완화

(QE)정책을 통해 휴지조각이 될 뻔한 주택담보대출증권을 사들였다. 그렇게 주택 버블 붕괴로 인해 가격이 하락한 주택 시장을 떠받쳤다.

2단계인 QE2부터는 국채 매입에 중점을 두어 금리를 낮게 유지하고, QE로 넘쳐나는 막대한 달러 자금을 주식시장으로 유도해 주가를 끌어 올렸다.

그뿐만이 아니다. 달러는 월스트리트의 손에 의해 신흥국 주식을 중심으로 전 세계에 배분되어 달러에 의한 세계 금융시장 지배력은 더욱 강화되었다. 가계가 금융자산의 대부분을 주식으로 운용하고 기업들은 주식시장에서 자금을 조달하여 설비투자를 하는 미국 실물경제는 주가 상승에 대한 반응이 일본보다 몇 배나 높다. 미국 경제는 QE와 함께 서서히 회복세를 보였으며, 연준은 2014년 10월에 QE를 종료했다.

리먼 사태 이후 중국 부동산 시장이 무너지지 않은 것은 미국의 QE 덕분이다. 제2장에서 상세히 설명한 바와 같이, 미국에서 대량으로 발행된 달러 자금의 상당 부분이 중국으로 유입되어, 그것이 인민은행의 QE를 가능하게 했고, 인민은행으로부터 자금을 공급받은 상업은행은 전년 대비 2배 전후의 규모로 대출을 확대했다. 2015년 전후의 부동산 시장의 불안정한 상황은 거대한 자본 유출에 따른 것으로, 미국 금리 인상과 위안화의 절하가 영향을 미쳤다. 이때는 전술한 바와 같이 연준이 추가 금리 인상을 보류하여 중국의 금융위기를 막았다.

2021년 이후 주택 가격 하락은 2년 동안 지속되다 2023년에는 바닥을 친 것으로 보이지만 여전히 침체된 분위기다. (그래프 6-4 참조) 미국에서는 주택시장 하락이 시작한 지 1년여 만에 리먼 쇼크가 일어났다. (그래

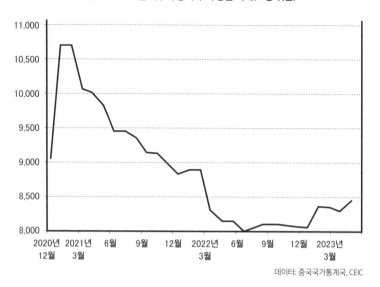

그래프 6-4 **2021년 이후의 중국 주택 평균 시세(㎡당 위안)**

데이터: 중국국가통계국, CEIC

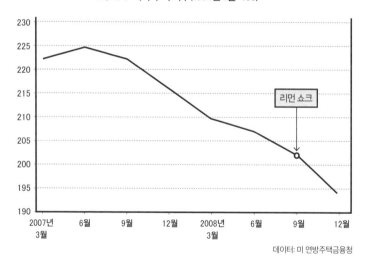

그래프 6-5 **미국 주택 지수(1991년 1월=100)**

리먼 쇼크

데이터: 미 연방주택금융청

프 6-5 참조) 이를 생각하면 중국 부동산 시세 급락이 심상치 않다. 더군다나 2022년 3월 이후 외국자본 등에 의한 자본 유출이 멈추지 않는 상황에서 외환보유액도 계속 줄어들고 있다. 이는 인민은행의 외화자산을 감소시키는 결과를 초래하고 있지만, 시진핑 정권은 인민은행에 대해 통화 발행을 명령하여 부동산 시장의 안정을 도모하고 있다. 그것이 효과가 있었는지, 2023년 6월 시점에서는 금융위기가 표면화되지 않았다. 미국이나 일본과 달리 당이 돈을 지배하는 중국에서는 버블 붕괴 위기가 되면 즉시 강권을 행사하여 돈을 상업은행에 공급하고 동시에 국유기업에게 명령하여 부동산을 매입한다. 그러나 그 방식으로 언제까지 버틸 수 있을지 불안은 사라지지 않는다.

'이재상품'으로 팽창하는 거품 대출

일본의 평론가 사이에서는 중국의 자산 버블 붕괴가 중국공산당 독재체제의 붕괴 위기를 초래할 것으로 보는 시각도 있는데, 이 문제는 어떠한가?

당이 정보를 통제하고 금융시장을 엄격하게 통제하는 중국의 경우, 금융시장 불안이 발생하기는 어렵다. 기업 및 금융기관의 회계제도는 매우 불투명하고, 은행의 연체채권 역시 당국이 부실채권으로 분류하지 않으면 '건전채권'이 된다.

미국·유럽 회계법인 등이 실상을 폭로하면 중국 금융 대기업은 국제

금융시장에서 자금을 조달할 수 없어 파산 위기에 직면하겠지만, 미국과 유럽의 조사기관은 중국 비즈니스 업계에서의 퇴출을 두려워하여 침묵하는 경향이 있다. 1990년대 중반 일본 신용 공황의 방아쇠를 당겼던 미국 금융 애널리스트들의 부실채권 폭로 때와는 차이가 크다.

당연히 불안정한 국제 금융 상황 속에서 자신들의 불이익을 우려하여 '차이나 버블'이라는 이름의 판도라 상자 뚜껑을 열려고 하지 않는 것이다.

그렇다면 그 판도라 상자의 안은 어떨까.

인민은행 데이터에 따르면, 은행의 부동산 관련 대출 잔액은 2023년 3월 말 54조 위안(한화 약 9,840조 원)에 달한다. 연간 증가 폭이 시진핑이 당 총서기에 취임한 2012년 가을 이후 급격히 커져 처음에는 2조 위안대였으나 2018년 말에는 6.45조 위안까지 불어났고, 2021년 이후 부동산 시장 상황 악화에 따른 대출 수요 감소로 인해 줄어들면서 2022년 말 전년 대비 대출 증가액은 1조 위안 이하로 감소했다.

일본의 버블 붕괴의 경우, 은행의 부실채권 총액은 버블 대출의 90%로 100조 엔을 웃돌았다.

중국의 경우 2023년 3월까지 5년간 부동산 대출 증가액은 약 20조 위안(한화 약 3,640조 원)으로, 만약 버블 붕괴로 신규 대출의 90%가 부실채권으로 전환될 경우 약 18조 위안이 연체될 것이다. 이는 중국의 GDP 121조 위안(2022년)의 15%로, 일본의 버블 붕괴 당시 은행 부실채권 대 GDP 비율과 거의 비슷한 수준이다.

일본의 버블 붕괴와 이후 20년간의 디플레이션 불황을 연구해온 중국 공산당 관료들은 일본의 전철을 밟지 않기 위해 부동산 시장 붕괴를 피하려 안간힘을 썼다. 부동산 시세가 하락하기 시작하면 당의 지시를 내려 금융을 완화하고, 부동산 관련 대출을 늘려 시세를 떠받쳤다. 또 상하이 등 대도시에서 부동산 시장이 과열되면 조금 식히고 대신 지방 부동산 시장에 자금을 투입하여 지방도시의 부동산 시세를 끌어올렸다. 이 작전이 성공하면서 부동산 시세 하락을 최소화했고, 전국적 규모의 버블 붕괴는 일어나지 않았다.

또 하나의 중요한 데이터를 국가통계국이 발표했다. 그것은 그래프 6-6 부동산 관련 투자의 자금원별 투입액이다. 총액은 정점인 2021년 1년간 20조 위안에 달한다. 이 중 국내 은행 대출은 2.3조 위안이다. 여기에 '자기조달액'이 6.5조 위안에 달한다. 국내 은행 대출의 3배에 가까운 자기조달액, 즉 자기자금이 부동산 관련에 투입되는 것이다.

이 자기자금의 정체는 '그림자 금융'이다. '그림자 은행'이라고도 불리는 그림자 금융은 비은행 금융기관 등이 고금리 '이재상품理財商品'으로 예금자나 투자자로부터 자금을 모아 지방정부 계열의 부동산 개발업체에 대출하는 방식이다.

이재상품은 주로 중국에서 거래되는 고금리 금융상품(투자신탁)을 말한다. 시진핑 주석이 실권을 장악한 2013년 이래 10년간 자기조달 총액은 54조 위안이 넘는다. 은행 대출은 22조 위안 남짓이다. 이 같은 막대한 돈을 모을 수 있는 것은 이재상품 외에는 없다. 10년 동안 은행 대출의 2배가 넘는 돈이 그림자 금융을 통해 부동산 관련으로 흘러들어갔다.

비은행계라고 해도 은행과 밀접한 관계가 있다. 이재상품은 주로 은행

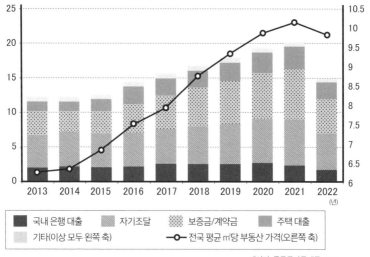

그래프 6-6 **중국의 부동산 투자 자금원(조 위안)**

창구에서 판매되며, 그중 절반 이상은 은행의 상환 보증이 붙어 있다. 게다가 이 비은행계 기업은 은행으로부터 우회 대출을 받고 있다.

어쨌든 부동산에 대출한 이재상품이 부실화되면 은행은 27조 위안 이상의 보증을 이행해야 한다. 이는 중국 명목GDP[3]의 20% 이상에 달하며, 중국 금융 시스템의 근간을 뒤흔들 것이다. 이를 두려워하기 때문에 금융기관의 장부는 부실채권을 극도로 과소계상하고 있다.

동시에 당 중앙은 인민은행에 위안화를 대량으로 발행하도록 명령하

---

3 현재의 시장 가격을 사용하여 한 국가에서 생산된 모든 최종 재화와 서비스의 시장 가치를 측정한 것으로, 당해 연도 물가와 당해 연도 생산량을 곱하여 구한다.

고 국유 상업은행을 통해 부동산 대출을 확대하여 부동산 시세를 안정시키려 한다. 시진핑 정권이 2023년 3월, 미국 경제학계에서도 평판이 좋고 합리적인 사고를 하는 인민은행 이강 총재를 공산당 중앙 후보위원에서 제외시킨 것은 이강 총재의 당내 발언권을 빼앗기 위해서였을 것이다.

부채주도형 모델로 전환

현대 경제의 변동에는 '부채의 법칙'이 있다. 민간 부채가 많을수록 경기가 좋아지는 것이다. 그러다 더 이상 빚을 낼 수 없게 되는 순간 대불황에 빠지게 된다. 즉 현대 세계의 경제 성장은 부채가 원동력이 되고 있으며, 그 대표적인 예가 미국과 중국이다.

미국 소비자들은 2000년대 전반에만 연간 약 400조 엔 이상을 금융기관에서 빌려서 소비에 몰두했다. 그렇게 자국 경제를 부양하는 동시에 중국을 비롯한 신흥국과 일본 등에 대미 수출 붐을 일으켜 세계 경기를 끌어올렸다.

그러나 주택 가격 상승 기대에 기반한 부채주도형 성장 모델은 주택 시장이 하락세로 돌아서자 단번에 붕괴되고 말았다. 그것이 바로 서브프라임대출 문제였고, 그 영향으로 리먼 쇼크가 발생했다.

리먼 쇼크 이후, 미국 연준은 6년간 3.2조 달러의 달러 자금을 추가로 발행해 월스트리트에 쏟아 부으며 주택담보증권 가격과 주가를 유지·

상승시키기 위해 노력했지만 메인 스트리트(주력 산업)의 회복세는 미약했다. 그 원인은 분명하다. 금융자산의 가치가 올라가도 돈은 금융시장 안에서만 돌아갈 뿐 실물경제, 즉 상품과 서비스 수요를 구성하는 개인 소비와 기업의 설비투자에 돈이 돌지 않기 때문이다.

2017년 대규모 인프라 투자와 대규모 감세를 공약으로 한 트럼프 정권이 출범하자, 주가는 급등하고 실물경기도 강력하게 회복되기 시작했다. 이는 정부가 국채 발행 등을 통해 금융시장에서 자금을 흡수하여 재정 지출을 늘리는 과정에서 자금이 직접 실물경제로 흘러들어가고, 자금이 뒷받침하는 수요, 즉 유효 수요가 유발될 것을 기대하기 때문이었다

또한 감세는 당분간은 정부의 재정수입을 감소시켜 부채를 증가시키지만, 민간의 소득을 실질적으로 늘려서 수요를 자극한다. 재정지출 확대와 마찬가지로 실물경제를 회복시킨다.

즉, 민간이 금융시장에 돈을 묶어두는 경기 침체 국면에서는 정부가 민간에서 돈을 빌려 금융시장에서 돈을 흡수해 재정지출을 늘리거나 세금 감면을 통해 소비자와 기업의 소비와 투자를 촉진하는 것이 이치에 맞는다.

반면 일본은 1990년대 후반부터 20년 이상 만성적인 디플레이션으로 인해 소득이 감소하고 가계와 기업들은 소비와 설비투자에 대한 의욕을 잃어가고 있다. 수요가 계속 줄어드는 디플레이션 경제에서는 기업은 부채를 줄이기 위해 노력하고, 수익이 증가해도 사내유보금으로 쌓아둔 채 임금 인상, 고용 증대, 신규 설비투자에 돈을 돌리지 않는다.

2012년 말 출범한 2차 아베 신조 정권은 초기에는 과거와는 다른 차원의 금융완화와 공공투자 등 재정지출 확대를 골자로 한 아베노믹스로 경기 부양을 크게 자극했지만, 2014년도에는 경기가 활력을 잃었다. 우선 소비세율을 5%에서 8%로 올렸다. 동시에 공공투자를 대폭 줄이고 긴축재정 노선으로 회귀했다. 그 직후 사람들의 소비 심리가 다시 식어 버렸다.

　일본의 만성적인 디플레이션은 1997년 하시모토 류타로 정권의 소비세 인상과 긴축재정으로 시작되었는데, 아베 정권은 그 어리석음을 반복했다. 아베 총리는 잘못을 깨닫고, 소비세율 10%로의 인상 계획을 두 차례나 연기했지만, 재정지출은 확대하지 않았다. 경기는 오로지 엔화 약세와 수출에만 의존하고 내수 침체는 여전히 지속되고 있다.

　중국은 어떨까? 중국의 경제모델은 미국과는 매우 이질적으로 보이지만, 부채 주도라는 점에서는 미국과 동일하다. 미국과 중국은 빚을 지고 있는 주체는 다르지만, 그것을 가능하게 하는 장치에는 공통점이 있다. 바로 부동산 가격이다.

　미국의 경우, 소비자들은 주택 가격 상승분을 담보로 금융기관에서 대출을 받았다. 중국의 경우, 부동산 개발업체나 지방정부가 부동산 시세 상승 이익을 선점하고 은행을 통해 연 수익률 10% 안팎의 이재상품을 판매해 자금을 조달해 왔다. 리먼 쇼크 후 중국에서는 부동산 개발업체와 지방정부가 대출을 해서 부동산 투자에 열을 올리고, 투자주도형으로 고도성장을 유지해 왔다.

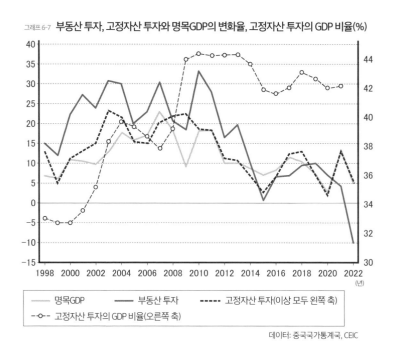

그래프 6-7 **부동산 투자, 고정자산 투자와 명목GDP의 변화율, 고정자산 투자의 GDP 비율(%)**

범례:
- 명목GDP
- 부동산 투자
- 고정자산 투자(이상 모두 왼쪽 축)
- 고정자산 투자의 GDP 비율(오른쪽 축)

데이터: 중국국가통계국, CEIC

중국 경제는 토지대를 제외한 지상물, 즉 인프라·주택·오피스 빌딩 등 건물과 공장 설비 건설 등의 '고정자산 투자'에 의해 지탱되고 있다. GDP 대비 고정자산 투자의 비중은 2000년대 초 35%였다. 고정자산 투자 비율이 30%가 넘는 것은 1960년대 일본의 고도성장기나 한국 등 아시아 일부 지역에서 극히 제한된 기간에만 볼 수 있었던 현상인데 중국은 리먼 쇼크 이후 크게 상승했다. 2009년부터 2014년까지 45%에 가까운 수준을 유지했었고 2015년 이후에도 42% 내외로 여전히 높은 수준을 유지하고 있다. 중국의 경우 당 중앙의 지시로 은행이 대출을 해주고 국유기업과 지방정부가 그 돈으로 고정자산에 투자하기 때문에 쉽게 그 비중을 확대할 수 있다.

GDP 대비 고정자산 투자 비율이 45%라고 할 때, 고정자산 투자를 전년 대비 22% 증가시키면 가계 소비 등 다른 항목이 보합세를 유지하더라도 GDP는 10% 성장한다. 중국이 리먼 쇼크 이후 세계에서 가장 빠르게 경기 회복을 이루고 두 자릿수대의 성장률을 회복한 비밀은 고정자산 투자 증가에 있다. (그래프 6-7 참조)

리먼 쇼크 이후 고정자산 투자는 인프라 정비에 초점이 맞춰졌는데, 시진핑 정권이 들어선 2013년 이후에는 부동산 개발이 주역이 되었다. 부동산 개발 투자가 전체 고정자산 투자에서 차지하는 비율은 2009년 36%에서 2016년 45%대로 상승했다. 시진핑 정권의 경제 성장 실현의 결정적인 수단은 부동산 개발 투자이다.

이러한 고정자산 투자, 부동산 개발 중심의 경제는 부채가 팽창할 수밖에 없다. 부동산 개발은 투자 회수 기간이 길어 장기채무를 수반한다. 국제결제은행 통계에 따르면, 중국의 비금융 부문 부채는 2010년 이래 지속적으로 증가해 2016년에는 중국 GDP의 2.5배를 넘어섰다. 부채 없이 경제 성장을 할 수 없다는 것은 미국도 마찬가지지만, 미국의 경우 GDP를 1 늘리는 데 GDP 증가분의 2~3배에 달하는 부채를 수반한다. 중국의 경우 리먼 사태 이전까지 2배 전후였으나, 2014년 이후 4~5배가 되어 부채가 창출하는 소득이 반으로 감소했다. 2015년경까지 중국 경제를 낙관해 왔던 IMF나 미국과 유럽의 분석가들은 2017년이 되자 중국의 비정상적인 부채의존형 성장에 경종을 울리기 시작했다. 부채 증가가 주로 부동산 개발 관련이라는 점에서 부동산 시장 붕괴는 중국 경제 위기를 불러일으키고 당 독재 체제를 뒤흔드는 시한폭탄이 될 수 있다.

핫머니와 부동산 거품

2008년 9월의 리먼 쇼크로 수출이 타격을 받자 당시 후진타오 정권은 이듬해 1월부터 국유 상업은행에 대출을 이전보다 3배로 한꺼번에 늘릴 것을 지시했다. 그에 따라 위안화가 팽창하면서 부동산 붐의 원동력이 되었다. 시진핑 정권이 들어서면서 부동산의 과잉재고가 드러났지만, 앞에서 본 바와 같이 여전히 금융을 통해 부동산 시장을 부양하고 있다.

국유기업은 일제히 부동산 투자 및 개발에 뛰어들었고, 은행도 부동산에 투자 및 대출을 했다. 지방의 당 간부들이 잇따라 부동산 개발회사를 만들어 농지를 없애고 고층 빌딩군을 건설했다. 상하이 등 대도시 교외는 물론 주택 수요가 적은 내륙지역에서도 고층주택 건설 러시가 일어났다. 그것들이 지금은 유령단지가 되어 버렸지만, 대출을 해준 금융기관은 부실채권으로 계상하지 않는다. 가처분소득의 절반 가까이를 저축한 중산층 이상 개인도 정부의 부동산 가격 유지 정책을 보고 두세 채씩 아파트 구입에 달려드는 형국이다.

부동산 시장이 과열되면 당 간부들은 일시적으로 부동산 개발 및 부동산 대출에 제동을 건다. 계약금 비율을 높이는 등 주택 대출 조건을 까다롭게 하는 식이다. 그 결과 부동산 투자가 억제되고, 부동산 판매도 하락한다. 개발업체들은 '신축'이라는 이름을 지키려고 공사를 늦춰 완성 시기를 미룬다.

하지만 투자자들은 부동산 가격 상승을 믿기 때문에 절대로 투매를 하지 않는다. 상하이에 주재하는 필자의 지인은 2015년 당시 고급 아파트에 세 채째 투자했는데, 임차인이 없어 1년 이상 공실로 남아 있었지만 방치해도 괜찮았다. 실제로 부동산 시세는 금융완화에 의해 회복된다. 중산층도 친인척에게 돈을 빌려 모아 계약금을 마련하고 대출을 받는다. 그렇게 부채를 안고 부동산을 놀려 두고 있다.

이렇게 해서 부동산이 팔리지 않거나 시세가 하락해도 가격 폭락은 피할 수 있다는 것이 상하이 등 부동산 시장의 특징이다.

어쨌든 중국은 이러한 고정자산 투자 주도로 세계에서 가장 먼저 리먼 쇼크 불황을 극복했고, 시 정권에 들어서도 부동산 개발 투자 주도로 경제성장률 7% 내외를 유지하려고 한다. 하지만 그 성공 과정 속에 거액의 불투명한 돈 거래가 생겨나고 독직과 부패가 만연한다.

이권을 취하는 당 관료에 의해 부정축재된 자금은 홍콩 등을 통해 해외로 한 번 빠져나간 뒤 중국 본토로 환류되어 투자된다. 그 매매차익은 다시 해외로 유출되고, 이번에는 '외자'라는 명목으로 환수되는 식으로 순환한다. 이 '핫머니hot money'[4]는 대부분 부동산이나 고수익을 내는 이재상품에 투자되어 버블을 키운다. 이것이 외부로 빠져나가면 부동산과

---

4 국제금융시장을 이동하는 단기자금으로 투기적 이익을 목적으로 하는 것과 국내 통화 불안을 피하기 위한 자본도피 등 두 종류가 있다.

금융상품의 거품이 붕괴하게 된다.

외환 규제망을 피해 부동산 시장 등에 유입되는 해외 투기성 자금인 핫머니의 총액을 정확히 계산하는 것은 불가능하지만 대략적인 금액은 계산할 수 있다.

중국과 해외 사이를 합법적으로 출입할 수 있는 자금은 ①무역수지의 흑자 또는 적자분 ②중국으로부터의 대외투자에 따른 이자·배당 수입에서 외국 기업의 대중 투자에 따른 이자·배당 수입을 뺀 소득수지 ③외국으로부터의 투융자와 중국의 대외투자와의 차액 등 세 가지다.

그러니까 통계에 나타나는 자금의 순증가액에서 외환보유액 증가액을 뺀 금액을 자본의 흐름으로 볼 수 있다. 이 중 당국이 파악하지 못하는 자본의 흐름이 국제수지 통계상 오차탈루로 계상된다. 당국의 감시를 피한 오차탈루는 바로 투기자금이다. 하지만 파악 가능한 돈이라도 어느 정도 투기 목적이 있기 때문에, 투기자금의 상황을 파악하려면 자본 유출입 전체의 흐름에서 핫머니의 트렌드를 보아야 한다.

그래프 6-8은 시진핑이 당 총서기에 취임해 실권을 장악하고 난 2012년부터 2022년까지의 자본 순유출입액, 오차탈루와 부동산 투자 변동률을 대조한 것이다. 자본이 순유입된 2013년은 부동산 투자가 20%나 증가했다. 하지만 이듬해에는 1조 달러가 넘는 자본 유출이 발생했다. 부동산 투자 증가도 2013년을 정점으로 이후 둔화 추세로 바뀌었다.

시진핑 정권은 부패 고위층 적발과 금융시장 감시 강화, 자본도피 수단이 되고 있는 비트코인 등 가상화폐를 전면 금지했다. 부동산 시세는 상승세를 유지했고, 부동산 투자도 전년 대비 플러스를 유지했지만, 연

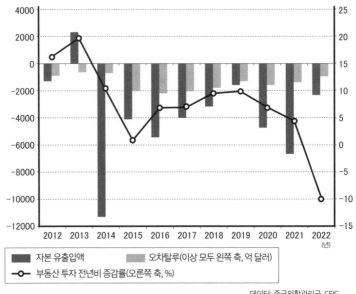

그래프 6-8 **핫머니와 부동산 투자**

자본 유출입액 **오차탈루(이상 모두 왼쪽 축, 억 달러)**
─○─ 부동산 투자 전년비 증감률(오른쪽 축, %)

데이터: 중국외환관리국, CEIC

간 4,000억 달러 내외 규모의 자본 유출은 계속되었다. 그러다 2021년부터 주택시장 상황이 악화되면서 부동산 투자가 전년 대비 10%나 감소했는데, 자본 유출은 2,000억 달러 정도로 줄어들었다. 당국의 자본 유출 규제 강화 덕분이겠지만, 그동안 부동산 투자에 투입되던 중국 내 잉여 자금이 부풀어 오른 채 발이 묶이게 되었다. 마치 댐에 가득 찬 물처럼, 일단 둑이 무너지면 한꺼번에 쏟아져 나올 것 같은 불안감을 안고 있다.

제7장

집권 3기,
시진핑의 초조함

미중 통화전쟁의 핵심

미중 통화전쟁은 2022년 10월 당대회[1]를 거쳐 이례적으로 집권 3기에 접어든 시진핑 정권하에서 격화될 수밖에 없다. 중국은 당 주도의 첨단기술 국산화, 석유를 포함한 국제 거래에서의 위안화 결제화, 일대일로의 확대 등 미국의 세계 패권을 무너뜨리려 한다. 자원대국 러시아의 푸틴 대통령과도 우호관계를 맺었다. 반도체왕국 대만 합병도 서두른다. 하지만 무리가 있다. 중국 경제는 여전히 달러 금융과 미국 첨단기술에 의존하고 있기 때문이다. 통화 패권을 노려도 거기서 오는 취약성을 극복하지 못하고 있다.

그래서 기축통화인 달러에 기생하고 잠식하여 부분적으로나마 달러를 대체하려고 한다. 디지털 위안화 도입 추진도, 페트로 위안화 시도도 그렇다.

주요 항목별로 시진핑 정권의 정책을 추적해 보자.

1　5년마다 열리는 중국 최대의 정치 행사. 중국공산당 총서기를 비롯해 향후 5년 임기의 각급 지도부를 선출한다.

시진핑의 세 번째 임기

중국공산당에는 당대회 때 최고지도부가 68세 이상이면 은퇴하는 불문율이 있는데, 2022년에 열린 당대회 당시 69세였던 시진핑은 이를 무시하듯 총서기 세 번째 임기를 시작하면서 주변을 측근으로 채웠다.

시 정권의 지난 10년간 부동산 개발 투자와 위안화 약세 정책으로 겉으로는 어느 정도 경제 성장을 이룬 것으로 보이지만, 2021년 이후에는 주택 거품 붕괴, 그리고 현재는 성장률 둔화 및 자본도피, 멈출 줄 모르는 위안화 약세에 시달리고 있다.

시진핑은 당대회 초반에 2,340여 명의 대표를 앞에 두고 활동보고를 진행하며 "제로코로나정책"과 "중국의 국제적 영향력과 소구력, 세계에서의 주도력이 현저히 높아졌다" 등의 '성과'를 나열했다. 그리고 지론인 '공동 부유' 추진의 결의를 표명하며 "기회의 공평을 추진하고, 저소득자의 소득을 늘리고, 중산층을 확대하고, 소득 분배 기능을 규칙화해 부의 축적 메커니즘을 만들겠다"고 강조했다.

그런데 시진핑이 내건 정책 목표는 중국 경제의 구조적인 취약성을 반영한다. 항목별 필자의 평가와 해석은 다음과 같다.

1. 중국은 공동 부유를 확고하게 추진한다.

　》 부동산 개발로 대표되는 당의 이권 분배 시스템의 붕괴를 표현.

2. 중국은 높은 수준의 기술 발전을 가속화한다.

>> 국산화가 급한데, 미국의 첨단기술 금수로 좌절될지 모른다.

3. 중국은 높은 수준의 시장 개방을 계속한다.

>> 서방의 자본과 첨단기술을 유인하여 탈취하기 위한 방편으로 당의 시장지배
   력을 감춘다.

4. 중국은 높은 기준의 사회주의 시장경제를 구축한다.

>> 민간기업에 대한 당 지배 강화를 정당화.

5. 대만 문제의 무력 해결을 포기하지 않는다.

>> 미국의 초당파에 의한 대만 지원을 강화시킨다.

6. 중국은 패권주의를 추구하지 않고 팽창주의에 종사하지 않는다.

>> 실제 행동은 팽창주의이고, 군사적으로 주변국과 역내를 압박한다.

시진핑 정권 10년 경제정책의 성과

가장 먼저 신경 쓰이는 점은 공산당 독재 체제 특유의 정보 은폐이다.
"최근 1년 동안 중국의 통계국과 민간 조사회사가 비공개로 전환하거나
삭제한 데이터가 증가하였고, 경제학자와 시장 분석가의 보고서는 약세
일수록 철회되거나 삭제되고 있다"는『월스트리트저널』기사와 같은 상

황이다. *2022년 10월 19일자 전자판 기사.

중국 국가통계국은 당대회 기간인 2022년 11월 18일로 예정된 7~9월 간의 GDP 발표를 불과 몇 시간 앞두고 돌연 취소했다. 그보다 며칠 전에는 세관 당국이 월별 무역 데이터 발표를 설명 없이 취소한 적이 있다.

당대회마다 인사 흐름이 결정되는 각지의 당 관료들이 실적을 과시하기 위해 통계를 물타기하는 것은 상습적이다. 당 기관지『인민일보』는 2016년 12월에 지방이 중앙에 보고하는 데이터의 조작과 변조를 규탄했다. 그러자 지방정부가 데이터 공개를 중단하는 사례가 잇따랐다. 아예 중앙정부에서 통계 공개에 등을 돌리기도 했다.

이러한 불투명성을 염두에 두고 시 정권의 경제 성과를 살펴보자. 경제의 요소를 짚어보면 그 구조적 취약성이 드러날 것이다.

그래프 7-1은 시 정권이 본격 가동된 2013년 이후 주요 경제 지표에 대해, 변동률과 달러화 대비 위안화 환율을 추적하고 있다. 이로부터 10년간 부동산 개발 투자는 GDP의 40% 이상을 차지하는 고정자산 투자의 핵심이자 GDP를 움직이는 최대 요인으로 작용해 왔다. 하지만 주택 버블 붕괴로 2022년은 전년 동기 대비 10% 감소했고 그에 따라 실질 GDP 성장속도도 느려졌다. 2015년 본격 시동한 시 주석의 역점사업인 일대일로의 신규 계약액도 줄고 있다.

그래프 7-2는 주택 가격, 부동산 개발 투자에 초점을 맞추고 있다. 중국의 토지는 '인민 소유'라는 전제 아래 공산당이 지배하는 지방정부가 배분권을 행사해 소유권을 부동산 개발업자에게 판매한다. 당 관료는 발권은행인 인민은행과 국유 상업은행의 요직을 차지해 돈의 발행과 배분

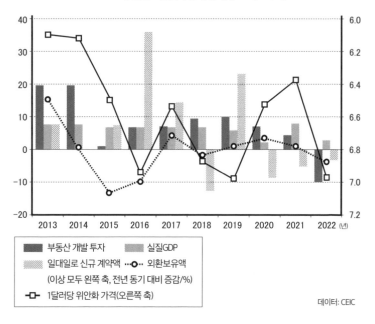

그래프 7-1 **시 정권 10년간의 중국 경제 주요 지표 추이**

부동산 개발 투자 　실질GDP

일대일로 신규 계약액 ···○··· 외환보유액

(이상 모두 왼쪽 축, 전년 동기 대비 증감/%)

─□─ 1달러당 위안화 가격(오른쪽 축)

데이터: CEIC

도 지배한다.

토지와 자금 모두 당이 쥐고 있기 때문에 경제를 성장시키려고 하면 방법은 간단하다. 공산당의 강제력으로 산림, 들판, 농지, 구시가지, 묘지를 포함한 모든 용지를 불도저로 밀고 고정자산을 건설하면 된다.

고정자산 투자는 시 정권하에서 거의 일관되게 GDP의 40% 이상을 차지해 왔다. 참고로 일본은 25% 안팎, 미국은 18%, 유럽은 20% 정도의 추이이다. 중국의 고정자산 의존도가 두드러지는 것이다.

고정자산 투자에는 아파트, 상업용 건물뿐만 아니라 공장 등 산업설

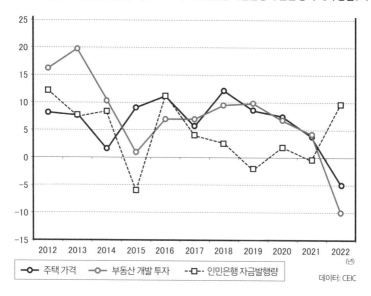

중국의 부동산 개발 투자, 주택 가격과 인민은행 자금발행의 전년 동기 대비 증감(%)

25

20

15

10

5

0

−5

−10

−15

2012 2013 2014 2015 2016 2017 2018 2019 2020 2021 2022
(년)

—●— 주택 가격   —●— 부동산 개발 투자   --□-- 인민은행 자금발행량

데이터: CEIC

비, 고속도로, 공항 등 인프라도 포함되는데 중국의 인프라 정비는 상당히 진행된 상태로, 최근 몇 년간은 부동산 개발 투자가 주축을 이루며 GDP의 견인차 역할을 하고 있다.

취약한 금융 시스템

중국은 공산당이 마음만 먹으면 얼마든지 위안화를 찍어내 부동산 투자주도형 고도경제성장을 지속할 수 있을 것 같지만, 그런 시대는 지나

간 것 같다.

주택 가격 하락이 보여주듯 주택 거품 붕괴가 뚜렷하게 나타나고 있다. 상하이 등 주요 도시의 많은 중산층은 이미 두세 채씩 아파트를 구입했다. 연금 등 사회보장에 대한 불안감 탓에 대다수 중산층은 부동산 자산으로 부를 축적하려고 한다. 게다가 중국의 고령화는 급속히 진행 중이다. 은퇴 연령 60세 이상 계층과 15~59세 현역 세대와의 비율은 2021년 3.4명으로 10년 전 5.1명에서 급감해 2027년에는 2명 이하로 떨어질 전망이다. 현역 세대의 축소와 함께 신규 주택 수요도 계속 줄어들 것이다.

더욱 주목해야 할 시 정권의 특징은 위안화 평가절하이다.

그래프 7-3은 2008년 리먼 쇼크 이후 달러로 환산한 명목GDP와 달러화 대비 위안화 환율 추이이다. 위안화 환율은 2014년까지 상승세를 이어가다가 2015년에 평가절하되었다. 이후 위안화 약세 추세에 접어들었다. 기본적으로 위안화 표시 명목GDP의 달러환산액은 위안화 약세 시에는 축소되지만, 위안화 기준으로 여전히 높은 성장세를 보이고 있고 달러 기준으로도 플러스 성장을 유지하며, 달러 기준 GDP는 시진핑이 당 총서기에 취임한 2012년에는 미국의 52%였던 것이 2021년 77%까지 육박했다. 하지만 2022년을 보면, 달러 기준 GDP는 2021년보다 4% 감소해 '마이너스 성장'을 기록했다. 미국을 추월하겠다고 호언장담했던 시진핑 정권으로서는 첫 후퇴이다. 플러스 성장을 이어가고 있는 미국과의 격차가 다시 벌어진 것으로 2030년까지 미 GDP를 추월할 것이라는 서방의 많은 예측도 수정이 불가피해 보인다.

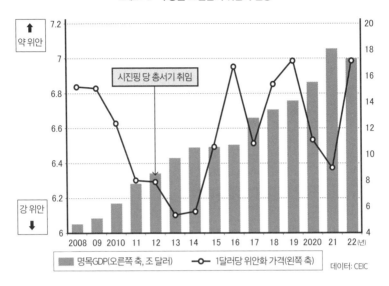

그래프 7-3 **시 정권 10년간의 위안화 변동**

약 위안 ↑

7.2

7

6.8

6.6

6.4

6.2

6

강 위안 ↓

20

18

16

14

12

10

8

6

4

시진핑 당 총서기 취임

2008 09 2010 11 12 13 14 15 16 17 18 19 2020 21 22(년)

명목GDP(오른쪽 축, 조 달러)   1달러당 위안화 가격(왼쪽 축)

데이터: CEIC

위안화 약세 정책으로 수출과 외국의 대중 직접투자, 증권 투자를 촉진한 시 정권의 성장모델은 여기서 한계를 드러냈다. 치명적인 약점은 달러에 의존하는 취약한 금융 시스템이라고 말할 수 있다.

리커창 총리는 2022년 7월 세계경제포럼 온라인 회의에서 "너무 높은 성장 목표를 위해 대규모 경기부양책이나 과도한 통화공급정책을 시행하지 않을 것"이라고 밝혔지만, 하고 싶어도 할 수 없는 사정이 있다.

중국은 달러를 중심으로 한 외화 유입에 맞춰 위안화 자금을 발행하고 있다. 중국의 경제 성장을 지탱하는 것은 달러라 말해도 지나친 말이 아니다. 이 외화의 주요 유입원은 경상수지 흑자와 외국으로부터의 직접

투자 및 증권 투자이지만 미·일·유럽의 제조업체들은 중국에 대한 공급망 의존도를 줄이고자 한다. 또 해외 투자자들은 러시아의 우크라이나 침공 이후 미 연준이 대폭적인 금리 인상을 단행하자 중국에 대한 채권 투자에서 철수하고 있다. 이 때문에 인민은행은 거품 붕괴 불황에도 불구하고 금융의 대폭적인 양적확대를 시행하지 못하고 있다.

미국 금리 인상에 따른 충격

인민은행 통계에 따르면, 해외 투자자의 채권, 주식 등 위안화 표시 금융자산 보유잔액은 2022년 1월 이후 계속 감소하고 있다. (그래프 7-4 참조) 2022년 9월의 금융자산 보유액은 2021년 12월 대비 약 1조 3,174억 위안(약 3,588억 달러) 감소했다. 이 기간 경상수지 흑자 총액 3,103억 달러를 훌쩍 뛰어넘는 수치다. 경상수지 흑자와 외국으로부터의 투융자로 유지되는 외환보유액은 이 결과 2,212억 달러 감소했다.

2015년에도 외국인의 자산 매각이 발생하여 금융위기의 양상을 보였었다. 당시 2016년 2월까지 9개월간 2,700억 달러가 감소했는데, 위의 중국 매도세는 이를 능가하는 수준이다. 위안화 자산 매각의 동기는 미국 금리 상승에 따른 미중 금리 차 축소, 더 나아가 역전에 있다.

그래프 7-5는 달러 대비 위안화 환율과 미중 각국의 10년물 국채 금리 차이 추이이다.

10년물 국채 금리는 각국 금융시장의 표준 지표다. 중국의 통화제도

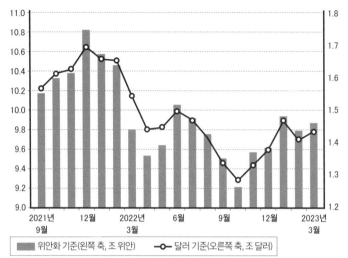

그래프 7-4 **외국 투자자의 중국 금융자산 보유액**

그래프 7-5 **미중 금리 차와 달러화 대비 위안화 환율**

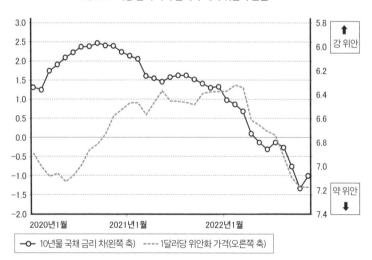

는 달러 대비 위안화 환율 변동을 인민은행이 지정한 기준금리의 상하 2% 범위로 제한하는 관리변동환율제이다. 위안화 환율 안정을 위해 인민은행은 국채 금리를 미국보다 지속적으로 높게 유도해 왔는데, 2020년 말부터 미국 금리는 상승세로 돌아섰고 중국 금리는 점차 낮아지기 시작했다. 금리 차가 좁혀지는 것을 본 외국인 투자자들은 2022년 1월부터 중국 채권을 팔기 시작했다. 금리 차 축소 속도는 더욱 빨라져, 2022년 5월에는 중국 국채 금리가 미국 금리를 앞지르는 역전 현상이 나타났다.

투자자의 돈은 당연히 더 높은 금리의 금융자산으로 이동한다. 외환시장에서는 위안화를 팔고 달러를 사들였다.

우크라이나 전쟁의 여파

국제금융협회(IIF)에 따르면, 외국에서의 중국 증권 매도는 2022년 2월 러시아의 우크라이나 침공 이후 급증하였으며 이전에 비해 자본 유출의 정도가 매우 크다고 한다. 3월부터 파월 연준 의장이 대폭적인 금리 인상을 연속으로 단행한 것이 외국의 중국 증권 매도를 더욱 가속화시켰다. 매도되는 증권은 주로 위안화 표시 채권으로, 중국 국채와 지방채 및 부동산 회사의 사채 등이 포함된다. 이렇게 3월 이후 중국의 금융자산 매도와 위안화 하락이 동시 진행되었다.

달러 금리 상승으로 인해 통화 가치가 하락하는 것은 일본도 마찬가지지만 중국의 경우 그 피해가 심각하다. 위안화 약세가 진행되면 외국인 투자자의 이탈로 끝나는 것이 아니라 중국 부유층과 투자자들의 자본도피가 심화되기 때문이다.

인민은행은 위안화를 떠받치기 위해 외환보유액을 헐어서 위안화를 매입하여 폭락을 저지했다. 그 결과 2022년 9월 외환보유액은 2021년 말 대비 2,212억 달러 감소했다. 이 기간 경상수지 흑자가 3,100억 달러에 달했음에도 불구하고 외환보유액은 크게 줄어든 것이다. 외국자본 이탈의 영향이었다.

외환보유액이 감소하면 달러의 뒷받침 없이 위안화 자금을 대폭 늘릴 수밖에 없는데, 이는 통화 가치의 안정을 해칠 수 있다. 인민은행은 이런 우려 때문에 부동산 개발이 저조하더라도 소극적 금융완화로만 대처하고 있다.

제로코로나정책이라는 실책

경제난을 가중시킨 것은 제로코로나정책이다. 2022년 2월 말 시작된 상하이의 도시 봉쇄는 6월 중순까지 지속됐다. 시 전역의 봉쇄가 해제된 후에도 거주자 중 한 명이라도 코로나 양성 판정을 받으면 해당 아파트나 거주지 전체 주민의 외출을 철저하게 금지했다. 정책에 반감을 가진 상하이의 중산층 이상 시민들은 외국으로 이주하는 것을 목표로 삼았다. 시진핑 정권은 크게 당황하여 외국 송금을 엄격하게 점검하고, 여권 발급과 해외 이주 비자 발급에 제한을 두려고 했으나 시민들의 반발로 철회하였다.

시진핑은 당 총서기 3기 연임을 결정한 후 11월 하순에 제로코로나에 대한 항의 시위가 확산되자 정책의 대부분을 철회했다. 대규모 PCR 검사를 없애고, 각 성 간의 이동 규제를 완화했다. 또 12월 26일에는 코로나 규제 추가 완화를 발표해 2023년 1월 8일부터 입국자에 대한 강제 호텔 격리를 중단했다. 48시간 이내의 PCR 검사 음성증명서를 제시하면 중국에 입국할 수 있도록 하고, 공장 생산 재개에 필요한 기술자, 사업가, 유학생 등에게 비자 발급을 허용하기로 했다.

제로코로나정책은 코로나 감염을 막을 수는 있었지만, 국민들이 많이 감염되지 않았기 때문에 오미크론 변이 바이러스에 대한 면역보유자가 적어 2023년 이후라도 재발 확산이 있을 것으로 예상된다. 불안은 해소되지 않았다. 심지어 해소된다 해도 중국 경제의 구조적 문제의 해결 가능성은 없을 것이다.

멈추지 않는 자본도피

미국 금리가 중국을 계속 앞지르는 한, 위안화 약세가 장기화될 것이라는 전망이 시장에 확산되고 있다. 중국의 금융자산과 부동산에 투자한 중국 투자자들은 자산 가치 하락에 대해 우려하고 있다. 중국 당국이 자본 유출을 엄격하게 규제하고 있지만, 당 간부들과 그 가족을 포함한 기득권층은 감시망을 피해 위안화 자산을 일제히 매각해 해외로 자산을 이전하고 있다. 이러한 자금은 당국이 파악하지 못하기 때문에 국제수지 통계상으로는 '오차탈루'로 분류된다.

2015년에는 자산 이전 규모가 급증해 연간 2,000억 달러를 넘어섰고, 2016년부터 2019년까지 무역수지 흑자 등 경상수지 흑자를 넘어섰다. 2015년 여름부터 인민은행이 위안화 평가절하를 단행한 것을 계기로 자본도피가 급증했고, 같은 해 12월 연준이 인플레이션 억제를 위해 정책 금리 인상에 나서면서 자본도피는 가속화되었다. 당황한 인민은행 수뇌부는 당시 오바마 행정부에 어려운 사정을 전했고, 옐런 연준 의장(현 재무장관)은 국제 금융 불안을 우려해 추가 금리 인상을 1년 유보하는 배려를 보였다.

그러나 미중 관계의 긴장이 고조되는 현 상황에서 옐런 재무장관과 파월 의장이 중국을 배려할 가능성은 희박하다.

물론 시진핑 정권이 자본 유출을 엄격하게 단속하고 있지만, 그럼에도 불구하고 2021년의 오차탈루는 1,674억 달러에 달해, 경상수지 흑자의 50% 이상에 해당하는 금액이 해외로 사라지고 있는 셈이다.

그래프 7-6은 국제수지 통계 중 경상수지, 오차탈루와 더불어 대외금융부채, 외화준비금의 전년 대비 증감률을 합산한 것이다.

중국의 외화준비금은 유입되는 외화를 인민은행에 집중시키는 제도이기 때문에 경상수지 흑자와 외국의 대중 투융자 증감액의 합계에 따라 좌우된다. 다른 한편으로는 대외투자와 자본도피(오차탈루)의 총액이 자본 유출로 간주된다.

그래프 7-6 **중국의 대외수지, 대외채무와 외화준비금, 자본 유출(억 달러)**

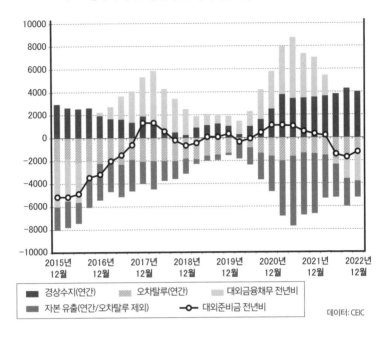

데이터: CEIC

　오차탈루를 제외한 자본 유출은 당국이 파악 가능한 대외투자이며, 중국 기업의 해외 투자, 기업 인수, 일대일로 구상 등이 포함된다. 이런 합법적인 대외투자는 2015년 최고조에 달해 연간 1.2조 달러가 넘었으나 위안화 평가절하로 금융위기를 겪은 후 감소 추세가 지속되고 있다. 코로나19 발생 후 2020년 하반기에는 해외 투자가 회복세에 접어들었으나 2022년 4월 이후 축소로 전환되었다.

　외화준비금에는 자본 유입과 유출을 상쇄한 결과가 반영된다. 2022년 말 대외부채는 전년 대비 2,937억 달러 감소했다. 외국으로부터의 증권 투자 급감에 따른 영향이 크며 외준은 1,225억 달러 감소했다.

인민은행은 자본도피에 따라 매도되는 위안화를 매입하여 지탱하기 위해 소중한 외환보유액을 헐어 쓰는 곤란한 상황에 처할 수밖에 없다. 그러면 경제 성장에 필수적인 위안화 자금의 추가 발행에 커다란 제약을 받게 된다.

시 정권은 일대일로 등 대외투자를 늘리고 있지만 막대한 자본 이탈이 계속되는 한 외화를 이용한 대외팽창정책 추진은 어려워진다. 외국으로부터의 대중 증권 투자 유치로 외화 부족을 메워왔으나 이제 해외 투자자들은 대중 증권 투자 회수에 박차를 가하고 있다.

미국의 금리 인상이 지속되면 자본 이탈은 더욱 증가하여 시진핑 정권의 국내 경제 운영을 더욱 어렵게 할 것이다. 부동산 개발 침체와 상하이 등 도시 봉쇄 장기화 등에 따른 경기 둔화 대처에 필요한 재정 조치나 금융완화를 최소화할 수밖에 없는 상황이다.

전인대를 거쳐 시진핑 주석의 집권 3기차가 시작되었다. (표 7-1 참조) 재정 경제와 금융은 당, 즉 시 주석 직할로 운영된다. 인민은행은 곧바로 양적완화 추가 조치를 취했다. 하지만 권력으로 누르는 시장 지배로 중국 경제의 침체를 막을 수 있을까?

중국의 권력체계는 당이 군과 행정부를 지도하는 구조다. 그런데 시장 경제화가 진행됨에 따라 경제부처와 인민은행 수뇌부가 당 간부임을 나타내는 당 중앙위원 및 중앙후보위원을 겸하게 되면서 당에 대해 어느 정도의 발언권을 가지게 되었다. 그러나 3기 시진핑 정권의 경제 관련

표 7-1　중국 시진핑 3기차 정권

공산당 최고간부

1	시진핑	국가주석(당 총서기)
2	**리창**	**총리**
3	**자오러지**趙樂際	**전인대 상무위원장**
4	왕후닝王滬寧	인민정치협상회의 주석
5	**차이치**蔡奇	**당 중앙서기국 서기**
6	**딩쉐샹**丁薛祥	**수석부총리**
7	**리시**李希	**당 중앙규율검사위원회 서기**

지도

국무원(정치)

●부총리	●국무위원	
딩쉐샹(수석)	*우정룽*吳政隆	*비서장*
허리펑何立峰	**친강**秦剛★	**외무**
*장궈칭*張國慶	*리상푸*李尚福 ★	*국방*
류궈중劉國忠	**왕샤오훙**王小洪	**공안**
	천이친豄貽琹	전 구이저우성 당서기
	잉융应勇	**검찰총장**
	천이신陈一新	**국가안전부**
	이강★	인민은행 총재

(숫자는 서열, 굵기는 시진핑과의 친밀도,
기울임체는 군 관련 인사이며, ★표시는 현
재 교체된 사람들이다.)

각료와 중앙은행 총재는 당의 최고 지도부를 구성하는 약 200명의 공산당 중앙위원과 후보위원 명단에 없다. 시진핑을 대신해 당 중앙정치국 상무위원인 리창 총리가 경제정책을 집행하는 것이다.

리커창 총리는 2022년 7월 세계경제포럼에서 "너무 높은 성장 목표를 위해 대규모 경기부양책이나 과도한 통화공급정책을 시행하지 않을 것"이라며 시 주석이 요구하는 재정지출 확대와 금융의 양적확대에 대해 다른 입장을 취했다. 리커창은 베이징대 경제학 박사학위를 가지고 있어 시진핑에게는 거북한 존재였는데 전인대를 끝으로 완전히 은퇴했다.[2]

금융의 핵심인 인민은행 총재 이강은 미국 일리노이대학교에서 박사학위를 취득하고, 인디애나주립대에서 부교수를 역임한 후 중국으로 귀국하여 베이징대학의 교수를 역임했다. 2022년 가을 당대회에서 공산당 중앙위원 및 후보위원에서 제외됨에 따라 전인대에서 정식으로 결정되는 정부기관 인사에서 인민은행 총재에서 퇴임할 것이라는 관측이 일본을 비롯한 주요 언론사들 사이에서 강하게 흘러나왔지만 결과는 유임이었다.

시진핑 정권은 이강의 국제적인 인지도를 무시할 수 없었던 셈이지만, 어쨌든 이강은 시진핑과 일정한 거리를 두었던 리커창 총리와 달리 시진핑 측근 1호인 리창 총리와 인민은행 당위원회 서기의 지시를 따르게 된다.[3]

원래 인민은행은 1949년 10월 1일 중화인민공화국 건국 이전에 설립

---

2 리커창은 2023년 10월 27일 심장마비로 사망했다.

3 2023년 7월 이강은 물러나고 판궁성 신임총재 겸 당서기 1인 체제로 바뀜. 판궁성은 외환투기 세력과 암호화폐 규제에 대한 강경파로 알려져 있다.

된 당 직속의 금고이다. 그 시대로 되돌아가는 것 자체가 꽉 막힌 경제 상황에 대한 시진핑 정권의 위기감의 표현이다.

시진핑이 경제를 직접 통제하려는 배경에는 당이 토지와 돈을 지배하는 시스템의 교착상태가 깔려 있다. '토지는 인민의 것'이라는 명분으로 '인민'을 대표하는 지방정부의 당 관료가 토지 배분권을 갖는다. 지방정부 재정은 토지사용권 이전(판매) 수입으로 충당된다. 지방정부의 전체 재정수입에서 토지사용권 수입이 차지하는 비중은 2020년 82%, 2021년 76%에 달했다.

부동산 개발을 중심으로 한 고정자산 투자가 GDP의 50%에 육박한다. 주택 등 부동산 투자는 관련 수요를 포함해 GDP의 약 30%에 달하며, 부동산 개발·주택담보대출 등 부동산 관련 대출은 예금, 추가 대출이라는 신용창출의 연쇄를 통해 돈을 팽창시켜 왔다. 중국의 2022년 1년간의 총통화량은 엔화로 환산하면 1,200조 엔 증가했는데 이는 일본의 총통화량과 맞먹는 수준이다. 자금력을 배경으로 시진핑 정권은 일대일로 구상 등 대외 확장 노선을 추진한다.

이 성장과 팽창의 방정식은 2022년 이래의 부동산 시장 침체로 인해 깨졌다.

전국 평균 주택 가격은 2022년 초부터 전년 대비 마이너스가 지속되고 있다. 2022년 부동산 투자는 전년 대비 10% 감소, 그것만으로도 GDP는 3% 하락 압력을 받는다. 그럼에도 불구하고 실질 성장률 3%를 달성했다는 것은 믿기 어렵다. 부동산 시장 침체가 지속되는 한, 시진핑 정권이 제시한 2023년 5% 내외의 실질 성장률은 그림의 떡일 뿐이다.

시 정권은 부동산 경기 부양에 안간힘을 쓰고 있다. 먼저 인민은행에 자금을 증액 발행시키고, 국유 상업은행 등 금융기관에 주택시장 회복을 위한 대출 강화를 지시한다. 재정난에 처한 지방정부에는 지방채를 대량으로 발행하게 하고 있다.

이강 인민은행 총재가 추진한 은행 대출 확대책의 핵심은 시중은행에 대한 인민은행 예금지급준비율 인하다. 인민은행은 전인대 종료 후인 2023년 3월 17일 은행의 지급준비율을 0.25%포인트 인하한다고 발표했다. 이 인하는 2023년 들어 처음이었는데 지준율은 기존 7.8%에서 7.6%로 낮아졌다. 지급준비율은 예금의 일부를 중앙은행에 예치하는 비율로, 이를 낮추면 은행은 대출에 쓸 수 있는 여유자금이 늘어나 대출-예금-대출의 연쇄로 신용창출이 활발해져 총통화를 늘릴 수 있다. 인민은행이 시중은행에 공급하는 자금을 늘리면 양적완화 효과는 더욱 커진다. 단순 계산하면 지급준비율이 8.4%였던 1년 전에 비해 총통화는 10%가량 늘어나는 셈이다.

그래프 7-7은 오른쪽 축이 지준율인데, 눈금을 뒤집어 위쪽으로 갈수록 작아진다. 왼쪽 축의 총통화가 끌려가듯 팽창하고 있음을 알 수 있도록 했다.

금융완화 수단으로 '양적완화'와 '금리인하'가 있는데, 인민은행은 금리인하보다 양적완화 조치에 무게를 두고 있다. 금리인하는 미국 금리와의 격차를 확대시켜 자본 이탈을 가속화할 수 있기 때문에 신중할 수밖에 없다.

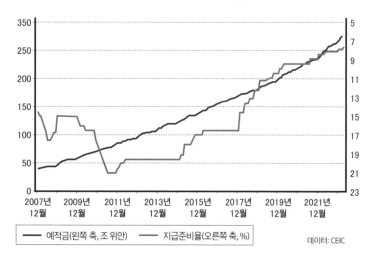

그래프 7-7 **인민은행의 지급준비율과 총통화(M2)**

```
  예적금(왼쪽 축, 조 위안)    ——— 지급준비율(오른쪽 축, %)
```

데이터: CEIC

　중국의 총통화량은 그래프 7-7에서 보는 바와 같이 지급준비율 인하와 함께 증가세를 지속하고 있는 것으로 나타났다.

　일본의 총통화량은 2022년 말 기준 약 1,200조 엔이지만, 중국의 총통화량을 엔화로 환산하면 위안화 대비 엔화 약세가 진행된 2022년 말에는 전년 대비 1,350조 엔이 늘었다. 불과 1년 만에 일본의 전체 자금을 능가하는 규모로 증식한 것이니 무서운 일이다.

　중국 자본은 막강한 자금력을 바탕으로 홋카이도의 대지와 오키나와의 외딴 섬을 사들였고, 상하이 전력은 일본 각지에서 태양광 발전 부지를 확보해 왔다.

　그러나 가장 시급한 과제는 부동산 시장 재건이다. 시진핑 정권은 지

그래프 7-8 **인민은행의 자금발행액, 외화금 보유고와 총통화(M2)**

외화·금/위안자금 발행비(왼쪽 축, %)
총통화/위안자금 발행비(오른쪽 축, 배율)

데이터: CEIC

급준비율 인하로 주택 등 부동산 관련 대출을 늘려 부동산 시장에 활력을 불어넣을 계획이다. 실패하면 은행의 부실채권을 확대시킬 뿐이어서 거대한 거품 붕괴로 이어질 수 있다. 또 이러한 일련의 금융 확장에는 치명적인 한계가 있다.

외화 뒷받침이 없는 자금 발행은 통화 과잉이 발생하여 위안화에 대한 신용이 약화될 수 있다. 2008년 리먼 쇼크 직후 인민은행이 발행한 위안화 자금 대비 외화자산 비율은 100%를 넘어섰고, 대규모 위안화 자금 발행에도 위안화 가치가 안정되고 경제는 두 자릿수 고성장을 이루었다. 그러나 이 비율은 점차 낮아져 2022년 말에는 60%를 밑돌았다. 인민은행은 외화 외 금 보유량도 늘리며 위안화 가치에 대한 신용을 유지

하기 위해 안간힘을 썼다. (그래프 7-8 참조)

2015년에는 대규모 자본도피가 발생해 인민은행이 금융을 긴축했다. 이에 따라 부동산 투자도 크게 둔화됐지만 이듬해에는 금융 양적완화를 통해 부동산 투자 회복을 유도했다.

이후에도 인민은행의 외화자산은 거의 증가하지 않아 위안화 발행에 제약이 있었으나, 부동산 붐은 계속되었다. 2020년에는 코로나19 팬데믹이 발생하여 부동산 투자가 침체되기 시작했고, 2022년에는 두 자릿 수대까지 하락했다.

이강 인민은행 총재는 2022년에 대폭적인 자금 증액 발행에 착수했지만, 부동산은 공급 과잉이다. 돈을 찍어내도 부동산 시장은 회복되지 않고, 위안화의 신용이 손상될 것이라는 불안감만 높아질 것이다.

게다가 외화의 주요 유입원인 외국으로부터의 대중 증권 투자는 2022년 우크라이나 전쟁 시작 이후 감소하는 추세이다. 시 정권은 미·일·유럽의 금융계와 산업계에 대해 대중 투융자의 추파를 보내지만, 어떤 기업이 리스크투성이의 대중 투자에 응할 수 있을까?

제8장

미중 첨단기술 전쟁

미중 첨단기술 전쟁의 향방

무역 강경책도 상장 규제도 성과가 나오는 데는 시간이 걸린다. 금융 제재에 대해서는 '보복'을 부른다는 국제금융자본의 반발로 미국 내 이견 조정에 어려움을 겪게 되면, 미국이 시진핑 정권의 대외팽창 노선을 봉쇄하는 수단은 제한될 것이다. 그래서 바이든 행정부가 중점을 두고 있는 것이 대중 첨단기술 금수조치다.

화웨이에 대한 트럼프 정권의 제재로 규제는 시작되었지만, 바이든 정권은 특히 반도체에 조준을 맞추고 있다.

미국의 대중 첨단기술 규제를 시간순으로 나열해보면 다음과 같다.

>> 2019년 5월: 화웨이, 감시카메라 대기업 하이크비전, 태양광패널기업 등을 금수리스트에 추가.

>> 2020년 12월: 중국 최대의 반도체 파운드리 SMIC를 금수리스트에 추가.

≫ 2021년 9월: 미 연방정부의 자금 지원을 받는 미국 첨단기술 기업에 대해 향후 10년간 중국 내 첨단기술 시설의 건설 금지를 지시.

≫ 2021년 11월: 특정 중국 기업의 제품 판매를 금지하는 법을 입법, 1년 후 연방통신위원회(FCC)가 구체적 규제를 결정.

≫ 2022년 8월: 반도체보조금법 시행에 관한 대통령령에 서명. 반도체 제조 및 연구에 527억 달러를 지원하는 한편, 반도체 공장 투자를 촉진하기 위해 240억 달러로 추정되는 세액공제를 포함.

≫ 2022년 10월: 슈퍼컴퓨터용 첨단반도체 기술, 제조설비, 인재 등에 대한 광범위한 수출 금지.

≫ 2022년 11월: 화웨이와 ZTE 등 중국 5개사의 통신장비, 감시카메라의 미국 내 판매 금지.

≫ 2022년 12월: 중국 반도체 제조사 YMTC, AI용 반도체 제조기업 캄프리콘, 노광장비에 강점을 가진 SMEE를 포함해 30개가 넘는 중국 기업과 단체를 수출 금지 리스트에 추가한다고 발표. 수출 금지 대상 기업과 단체는 633개가 되었다.

≫ 2023년 1월: 미 정부는 화웨이에 대한 미국 기술과 제품의 수출을 전면적으로 금지.

중국 첨단기술의 부상을 막으려는 바이든 정부

대중 첨단기술 전쟁은 화웨이 봉쇄로부터 시작되었다. 2018년 6월 중순 미국은 중국의 무역 관행을 비판하는 보고서를 발표하며 중국이 조직적인 "경제 침략" 작전을 전개하고 있다고 지적했다. 보고서는 중국의 경제 침략을 여러 개의 큰 카테고리로 나누고 있다. 국내 제조기업·생산업자를 위한 국내 시장 보호, 천연자원의 지배권 확보, 첨단산업에서의 우월적 지위 추구 등이다. 그리고 사이버 공격에 의한 지적재산권 절도, 주로 중국에서만 구할 수 있는 주요 원자재에 대한 외국자본의 접근 금지 등 중국 정부가 이러한 목표를 달성하기 위해 도입한 50여 가지 정책을 꼽고 있다.

후술하겠지만, 트럼프 전 정권의 화웨이 봉쇄는 미국 시장에서 배제하는 데 중점을 두었는데, 바이든 정권은 중국의 첨단기술 역량 자체를 차단하는 전략으로 전환했다. 수출 금지 대상 분야와 업종을 일거에 확대하여 반도체와 그 제조장비, 반도체를 사용하는 제조업체 및 서비스업종 전반으로 범위를 확대했다. 말하자면 중국이라는 국가 전체를 견제하는 전략인 셈이다.

무역전쟁은 뜻대로 되지 않고, 금융 부문도 보복을 두려워해 움직이지 못하고 있다. 시 정권은 계속 중국에 달러 자금을 투입해 첨단기술 역량을 강화하고 있다. 미국의 금융 파워는 막강하지만, 중국은 이를 빨아들이고 있다. 그러니 미국의 입장에서는 남은 미국의 첨단기술 패권을 이용해 중국의 도전을 물리치겠다는 전략이다.

이에 대해 시 정권은 첨단기술 국산화로 대응할 수밖에 없다. 시진핑 정권은 2015년 5월에 산업정책 '중국제조 2025(메이드인차이나 2025)'를 선언했다. 중국 건국 100주년인 2049년까지 '제조 강국 1위'가 되겠다는 구상이다. 그 기둥이 반도체 산업으로, 2015년 10%였던 반도체 자급률을 2020년 49%, 2030년 75%까지 끌어올린다는 목표를 세웠다. 정부는 '국가집적회로산업투자기금' 등을 통해 투융자를 촉진하는 등 자금 측면에서 반도체 산업을 적극 지원해 왔다. 하지만 미국 시장조사기관인 IC인사이트에 따르면 중국의 반도체 자급률은 고작 16.7%(2021년)이며, 이 중 중국 기업이 차지하는 비중은 6.6%에 불과하고 외국투자기업이 나머지 10.1%를 차지했다고 한다.

2023년 5월 12일자 일본총연(일본총합연구소)의 보고서 "중국 반도체 산업의 행방 – 디커플링과 자급전략의 성패"에서는 다음과 같이 현황을 분석하고 있다:

세계 반도체 기업 매출에서 중국이 차지하는 비중은 7%에 불과하다. 중국 기업이 양산가능한 로직 반도체는 회로 폭이 넓고, 최첨단에서 크게 뒤처져 있다. 중국 반도체 산업은 전자설계 자동화 도구, 회로 부품설계 정보 등 설계 시장에서의 존재감이 미약하고, 자체적으로 고도화하여 자급률을 높일 수 있는 자생력을 구축하지 못하고 있다.

미국 반도체 산업은 CHIPS-과학법CHIPS and Science Act에 의해 반도체 제조 능력이 강화되고 있으나 이것만으로 국내 수요가 완전히 충족되지 않는다는 점, 중국 시장의 규모와 성장성을 무시할 수 없다는 점 때문에 중국과 손을 끊을 수 없다.

중국은 반도체 공급망의 하층부에서 중요한 역할을 하고 있다. 중국은 반도체를 전자기기에 결합하는 최종 조립 공정에서 압도적인 존재감을 보이고 있으며 이를 대체할 나라는 없다. 전자기기 부품을 생산하는 산업층이 두텁다는 것도 중국 특유의 강점이다.

최첨단 반도체 제조에 관련한 중국 기업들은 사면초가에 빠졌지만, 22 나노미터(나노는 10억분의 1미터) 이하의 반도체는 시장의 13%에 불과하기 때문에 수출 규제가 발동되어도 중국 반도체 산업이 반드시 정체될 것이라고는 말할 수 없다. 중국 반도체 기업들은 최첨단 반도체와 레거시 반도체[1]를 분리하는 제조 체제를 갖추기 위해 노력하고 있으며, 규제의 테두리 밖에서 성장을 이룬 기업도 있다.

중국 반도체 기업들은 ①인력 부족이 심각하고 ②산업정책의 효과가 낮으며 ③반도체 제조비용이 상대적으로 높다는 등의 과제를 안고 있다.

시진핑 정권의 초조와 우려

초조한 시진핑 정권은 국내 산업을 부양하기 위해 분주하게 움직이고 있다. 2022년 12월 13일자 로이터통신에 따르면 "중국 정부는 국내 반도체 산업을 지원하기 위해 1조 위안(한화 약 184조 원)을 초과하는 규모의

---

1 필수적이고 오랜 기간 동안 사용되어 온 기존 반도체 제조기술 기반의 반도체로, 주로 자동차·에너지 개발·인프라 관련 등 산업기기 분야에서 사용됨.

대책을 계획하고 있다. 주로 보조금과 세액공제를 통해 5년에 걸쳐 국내 반도체 생산과 연구개발을 강화한다. 지원의 대부분은 국산 반도체 장비를 구매하는 반도체 공장 등 국내 기업에 대한 보조금 지급이다. 구매 비용의 20%에 해당하는 보조금을 받을 수 있다"고 한다.

하지만 중국에는 치명적이라고 할 수 있는 몇 가지 약점이 있다.

첫째, 재정 문제다. 중국의 재정금융은 외화 유입에 따라 달라지므로 외환보유고가 늘지 않으면 인민은행은 자금 발행량을 늘릴 수 없다. 그렇다면 정부의 국채발행에는 한계가 생긴다.

2023년 1월 4일자 블룸버그통신은 "중국, 반도체에 대한 대규모 투자 중단"이라는 기사를 보도했다. 코로나 감염의 급격한 확산이 국내 경제와 재정을 압박하고 있기 때문이며, "최대 1조 위안 규모의 인센티브를 계속 추진해야 한다고 주장하는 정책 당국자가 있는 반면, 예상했던 만큼의 성과를 거두지 못한 투자주도형 접근법에 대한 지지를 철회하는 당국자도 있다고 한다"고 전했다.

또 반도체 설계기술의 열악함, 반도체 제조장비 제조업체의 층이 얇다는 것도 심각한 문제다. 반도체 제조장비 시장은 1위 미국 어플라이드 머티리얼즈, 2위 네덜란드 ASML, 3위 도쿄 일렉트론이 높은 경쟁력을 가지고 있다. 게다가 바이든 행정부는 외국 기업이라도 미국산 기술을 사용한다면 중국에 대한 수출을 허용하지 않겠다고 일본과 유럽에 통보했다.

미국은 제조장비는 물론 설계기술에도 강점이 있다. 2022년 10월 24일자 『월스트리트저널』 전자판에 따르면, 반도체 칩 설계 소프트웨어 제

조업체의 세계 시장 점유율은 미국 74%, 중국 3%, 논리회로 설계기업은
미국 67%, 중국 5%, 제조장비 제조업체는 미국 47%, 중국 2%로 미국이
압도하고 있다.

열쇠를 쥐고 있는 반도체왕국 대만

여기서 열쇠를 쥐고 있는 곳이 바로 대만의 최대 파운드리 업체인
TSMC이다. 미국은 기술은 있지만 제조는 TSMC 등 해외 제조업체에
위탁하는 경우가 많다.

바이든 정부는 2022년 8월 국내 생산 강화를 위해 총 527억 달러의
보조금을 지급하는 신법을 통과시켰다. 그 지원을 받아 TSMC는 미국
서부 애리조나주에 최첨단 반도체 공장을 신설했다. 미세도는 3나노미
터로 총 투자금액은 400억 달러에 달한다.

첨단 반도체는 스마트폰과 서버에 탑재되어 두뇌 역할을 한다. 2022
년 12월 7일자 『니혼게이자이신문』에 따르면 "최첨단 3나노 반도체는
현재 세계적으로 아직 대량 생산 수준이 아니며, TSMC는 대만에서 먼
저 2022년 중으로 양산을 예정하고 있다. 미국 신공장은 그 뒤를 잇는
형태로 2026년 양산 시작을 목표로 하고 있다."

하지만 시진핑 정권이 노리는 것은 TSMC 등 대만계의 대중 협력이
다. 중국 반도체 대기업 SMIC의 반도체 기술 관련 최고경영자 4명 중 3
명이 대만인으로 그중 2인자는 TSMC의 창업자 장차오충張超忠의 최측

근이었다.

중국과 대만은 긴장 관계에 있지만, 피는 물보다 진하다. 비즈니스에 있어서는 더더욱 그렇다. 적어도 TSMC가 미국에만 집중하고 있다는 견해는 너무 낙관적이다.

2024년 1월에는 대만의 차기 총통 선거가 있다. 야당인 국민당은 마잉주 정권 시절이 그랬던 것처럼 '하나의 중국'이라는 점에서 본토의 공산당 정권과 일치한다. 국민당 정권이 들어서면 TSMC를 둘러싼 중국과 대만 관계는 완전히 달라질 것이다.

중국의 첨단기술 절취의 역사 1

2018년 6월 중순 트럼프 행정부는 중국의 무역 관행을 비판하는 보고서를 발표하면서 중국이 조직적인 경제 침략 작전을 펼치고 있다고 지적했다. 보고서는 이 경제 침략을 몇 개의 광범위한 카테고리로 나누고, 중국 정부가 경제 침략을 달성하기 위해 도입한 50여 개의 정책을 열거했다. 그중 사이버 공격이나 정보통신 등 첨단기술 절취에 대해서는 미국 의회가 오래전부터 면밀하게 조사해 왔다. 트럼프 정권은 이를 받아들인 것이다.

2012년 10월, 미 하원 정보특별위원회는 화웨이와 ZTE 제품이 중국 정부의 스파이 행위와 사이버 전쟁에 이용될 가능성이 있다는 보고서를 발표했다.

거의 같은 시기, 백악관은 1년 반에 걸친 조사 결과 화웨이가 중국을 위한 스파이 행위를 했다는 명확한 증거는 발견되지 않았다고 발표했으나, 향후 해커 공격의 표적이 될 수 있다는 이유로 미 정부는 두 회사를 정부용 통신 시스템 시장에서 퇴출시켰다. 이후 미국 정부와 의회는 민간 통신사에 양사와의 거래 자제를 권고해 왔다.

트럼프 정부는 양사에 대한 경계를 더욱 강화하고, ZTE가 미국의 대이란 금수조치를 위반했다며, 2018년 3월부터 ZTE에 대한 미국산 반도체 금수조치를 결정했다. 그 결과 ZTE는 핵심 부품이 부족해 조업을 중단하는 사태가 벌어졌다.

시진핑 정권이 미국산 농산물 관세 철폐를 협상카드로 제시하자, 트럼프 정권은 ZTE 제재 완화로 기울었다. 그러자 미국 상원의원 27명의 초당파 그룹이 미국 무역대표부·재무부·상무부 수뇌부에 서한을 보내 중국 판매를 늘리기 위한 수단으로 기술 수출 규제를 완화하는 어떠한 제안도 거부할 것을 요청했다. 미국 의회는 화웨이와 ZTE에 대해 강경한 태도를 견지하고 있다.

화웨이는 정보통신의 기간 회선과 데이터센터, 기지국 등 통신 인프라에서 높은 경쟁력을 자랑하며, 2014년 세계 시장에서 스웨덴 에릭슨에 이어 2위를 차지하였고, 2017년에는 마침내 정상에 올랐다.

데이터센터란 인터넷용 서버와 데이터 통신 등의 장비를 설치 및 운영하는 데 특화된 시설의 총칭이다. 특히 인터넷 데이터센터에는 정보통신 네트워크의 중추적인 기능을 가지고 '서버'라고 불리는 컴퓨터와 대용량 저장장치를 갖추고 고객으로부터 데이터를 위탁받아 인터넷 연결 및 유지·운영 서비스를 맡는다.

데이터센터에 '백도어backdoor'라고 불리는 데이터 모니터링 장치를 심으면, 데이터센터를 뒤에서 조종하고, 데이터를 훔치고, 조작할 수 있다. 장비 신규 납품 시 안전성이 확인되었더라도 설비 점검이나 보수 시 백도어를 심는 것이 가능하다. 그러면 사용자는 이를 인지하지 못하고 해커의 공격에 속수무책으로 당할 수밖에 없다. 스파이의 속임수를 발견했을 때는 이미 너무 늦었고, 이미 많은 정보가 유출된 뒤다.

이러한 취약점을 보완하기 위해 조금이라도 위험성이 있는 장비나 기술을 공급망에서 배제한다는 것이 미국의 '사이버 보안' 개념이다. 일본은 그 점에서 무방비 상태로, 고대 그리스의 '트로이의 목마' 고사처럼 화웨이 등을 환영하며 받아들이고 있다.

미국 소식통에 따르면, 정보통신의 최전선에는 당의 지시를 받은 중국 공작원들이 침투해 있다. 하지만 보이는 것은 그림자뿐이다. 중국 스파이들이 미국, 일본 기업, 연구기관 등에 침투한 흔적은 많지만, 대상 기업 등 조직명이나 인명 등 구체적 범죄 행위를 입증할 결정적인 증거를 남기지 않는다.

일본에 대해서는, 필자의 지인인 대만계 미국인 기술자가 "미중 간 군사기술 교류를 통해 친해진 중국군 관계자로부터 '우리 중국군에는 돈이 많이 있고, 충분히 돈을 쓸 수 있다. 일본인은 돈에 약하다'는 말을 들었다"고 했다. 풍부한 차이나머니로 일본 기업 간부와 기술자를 매수하고, 기밀 정보를 빼내는 것이 매우 간단하다고 시사하고 있다.

미국의 경우 정보 당국의 탐지 능력은 말할 것도 없이 뛰어나다. 통신 감청기관인 국가안전보장국(NSA)의 전 직원 에드워드 스노든은 "NSA가 화웨이 기술 간부를 모조리 도청하고 있다"고 폭로했다. 군사적으로 활용 가능한 핵심 기술과 관련된 분야에서 미 정보기관의 추적 능력은 일반인의 상상을 초월한다.

화웨이의 정체

미국 소식통에 따르면, 화웨이와 ZTE는 1980년대 초 덩샤오핑의 지시에 의해 만들어진 정보통신 관련 4개 회사의 후신이다. 4개 사는 '거룡巨龍', '대당大唐', '중흥中興' '화웨이華為'로 통칭 '거대중화巨大中華'라 불렸다. '거', '대'의 앞 글자를 딴 회사는 더 이상 존재하지 않고 '중'은 지금의 ZTE, '화'는 지금의 화웨이로 변모하여 도약했다.

1978년 덩샤오핑은 개혁개방정책을 시작하면서 '자주기술', '해외합작', '국가방위', '정보침투'를 핵심 조치로 명시한 '4대 사명'이라는 당 지침을 발표했다. 이후 '정보'와 관련해서는 무선, 위성, 네트워크, 반도체 등의 기술을 담당할 기업을 육성하고자 했는데 위의 4개 회사가 이에 해당한다.

그러나 화웨이 측은 이런 설을 일축한다. 회사 발표에 따르면, 1987년에 설립한 화웨이는 인민해방군 공병부대에서 근무한 경력이 있는 현 CEO 런정페이가 42세 때 선전에서 창업한 '민간기업'이다.

런정페이는 처음에는 홍콩에서 중고 전화교환기를 조달해 중국 본토의 산간 지역을 중심으로 판매했다. 1990년대에 중국 내 전화망 건설이 급속도로 발전하면서 통신기기 수요는 급증했고 호황의 물결을 탔다. 2000년대에 들어서면서 휴대폰 장비에 대한 수요가 급증하자 해외 시장에도 적극 나서기 시작했다.

2018년 기준 전 세계 직원 수는 총 15만 명, 이 중 중국인 직원 약 7만 명이 자사주를 보유하고 있으며 상장 계획은 없다. 선전에 위치한 200만 제곱미터 규모의 본사에는 약 4만 명이 근무하고 있다.

전화교환기 중고품 행상에서 시작하여, 순식간에 첨단 통신장비의 세계적 거물이 된 이 회사에 자금, 기술, 인재를 중심으로 당, 군, 정부로부터의 대대적인 지원이 있다고 미국 측은 이전부터 의심해 왔다. 미·일·유럽의 정보통신기기 업체들이 100년 가까운 세월 동안 막대한 연구개발비를 투입해 공들여 쌓아온 첨단기술인데 중고품 브로커가 단기간에 세계 최대 규모의 시장 점유율을 확보할 수 있었다는 것은 그야말로 기적 같은 일이다. 미 의회는 국가 차원의 지원이 없었다면 불가능했을 것으로 보고 있다.

화웨이의 글로벌 통신장비 점유율 확대가 눈에 띈다. 세계 시장 점유율 데이터를 인터넷에서 제공하는 딜랩deallab의 2023년 1월 24일자 자료[2]에 따르면, 통신·휴대전화 기지국용 장비 제조업체의 시장 점유율은 1위 화웨이 42.6%, 2위 노키아(핀란드) 18.5%, 3위 에릭슨(스웨덴) 17.5%, 4위

---

2 조사 시점은 2020년 10월 11일이다.

2021년 통신·휴대전화 기지국용 장비 제조업체의 시장 점유율

출처: 2023년 1월 24일자 딜랩

ZTE 11.5%로 나타났다. 일본 회사는 NEC 4.3%, 후지쯔가 1.7%로 하위권에 머물러 있다.[3]

화웨이의 점유율은 2017년 21%로 이미 세계 1위였으나, 미국 시장에서의 퇴출에도 불구하고 2021년까지 세계 점유율을 2배로 늘렸다. 그 이유는 중국 정부의 지원과 더불어 차세대 고속 무선통신 표준인 5G를 세계 최초로 도입한 데 있다. 중국은 기존 유선통신을 업데이트하는 대신 휴대폰 고속통신망인 5G를 국내에서 정비·보급한다. 이런 실적으로 미·일·유럽보다 경쟁력에서 우위를 점했다.

일본과 유럽 등의 통신사들은 미국의 화웨이, ZTE 퇴출 요청에 따라

3 삼성전자는 4.0%로 6위.

5G용 노키아·에릭슨의 제품 도입을 추진하고 있지만, 성능과 속도는 여전히 중국 2사가 우위를 점하고 있고 가격도 저렴하다. 이 때문에 개발도상국을 중심으로 화웨이와 ZTE가 상권을 넓혀가고 있다.

미 하원 정보특별위원회가 2012년 조사 보고서를 작성할 때 위원들이 선전의 화웨이 본사를 방문하여 회사 간부들과의 인터뷰를 통해 주로 회사와 중국공산당, 인민해방군, 중국 정부와의 연계에 대해 질문했으나 답변이 비협조적이었다면서 위원회의 의혹을 강화하는 보고서를 작성하여 미국 통신장비 시장에서 화웨이의 퇴출을 이끌었다.

그러나 당의 지시에 따라 인민해방군, 정부, 기업이 하나가 됨으로써 강대하고 고도화되고 복잡한 중국의 사이버 전투력은 결코 약화되지 않을 것이다.

미 국방부가 의회에 제출한 2014년도판 "중국 관련 군사-안보 진전" 보고서에 따르면 "2013년 미국 정부 소유를 포함한 전 세계 무수한 컴퓨터 시스템이 공격에 노출되었는데 그중 상당수는 중국 정부와 군에 의한 것"이라고 한다.

미국 법무부는 2015년 5월 19일 중국군 61398부대 소속 해커 5명을 사이버 스파이 혐의로 기소하고 얼굴 사진과 함께 지명수배했다. 미국 원자력 대기업인 웨스팅하우스, 철강 대기업 US스틸 등 5개 기업과 노조가 이 부대의 사이버 공격에 노출돼 미국 산업에 있어 비장의 무기인 원전과 태양광 패널의 핵심 기술이 도난당했기 때문이다.

2015년 6월 9일에는 사이버 보안 업체인 미국 크라우드 스트라이크에서 중국 인민해방군이 2007년 이래 미국과 유럽에 대한 사이버 공격을 감행하고 있다는 조사 보고서를 발표했다. 중국 인민해방군 총참모부 3부에는 61398부대 외에 61486부대가 있다고 폭로하고, 이 부대를 '퍼터 판다'라고 명명했다. 골프의 '퍼터'와 중국을 상징하는 '판다'를 합친 말로, 61486부대원들이 골프를 주제로 한 회의에 자주 참석하는 사람들을 노려 이메일로 초대장 등을 보내고, 이를 열어본 사람들의 컴퓨터에 해킹 프로그램을 설치해 정보를 빼낸 것으로 알려졌다.

이 부대는 상하이시 자베이구에 근거지를 두고 있으며, 이메일을 통해 특수 멀웨어malware[4]를 보내 미국 국방 당국과 유럽 위성 및 항공우주 산업 등을 대상으로 사이버 스파이 활동을 벌이고 있는 것으로 알려졌다. 미국 측은 범인 중 한 명의 이메일 주소를 알아냈다고 발표하며 사이버 탐사 능력을 과시했다.

미중 간 갈등의 무대는 이제 미국 밖으로 확대되고 있다. 2014년 6월 18일 새벽, 홍콩과 대만의 친민주주의 성향 대중지 『빈과일보』의 웹사이트가 누군가에 의해 사이버 공격을 받아 데이터가 완전히 삭제되는 사건이 있었다. 당시 홍콩에서는 입법원(의회)의 보통선거 실시를 요구하는 민주화운동 단체가 인터넷을 통해 찬반을 묻는 주민투표가 진행 중이었는데, 이 단체의 웹사이트도 비슷한 공격을 받았다. 『빈과일보』 측은 중국 본토의 사이버 공격 때문이라고 비난했다.

사이버 공격에 노출되기 쉬운 네트워크는 데이터센터, 광케이블 기간

---

4 시스템에 해를 입히거나 시스템을 방해하기 위해 특별히 설계된 소프트웨어.

회선 등 통신 인프라다. 해커는 홍콩과 대만에 있는 『빈과일보』의 데이터센터에 침입하여 데이터를 모조리 파괴했다. 홍콩과 대만의 데이터센터와 통신 인프라는 화웨이와 ZTE의 장비를 사용한다. 이 취약점이 악용되었을 가능성이 높다.

미국의 손으로 백업되어 있던 『빈과일보』의 데이터를 미국 국방성과 관계가 있는 것으로 알려진 '아카데미아'사가 복구용으로 『빈과일보』에 무상 제공했기 때문에, 『빈과일보』는 웹사이트의 폐쇄를 면했다는 비화도 있다.

미국 관계자들은 중국발 사이버 공격에 대한 일본의 방어체계에 대해 우려하며 "자기 나라는 스스로 지키는 것이 기본"이라고 경고한다. 2011년 8월에는 미쓰비시중공업의 거래 관계자를 사칭한 이메일 주소로 악성코드가 첨부된 메일이 대만 서버에서 발송되어 군사 기밀 정보가 유출됐다. 동시 다발적으로 IHI[5], 가와사키중공업, 일본전기 등도 공격당했다. 지금도 국방·통신·전력회사 등 일본 기업을 노리는 월간 800건 가까운 사이버 공격이 발생하고 있지만 아직 발신원은 확인되지 않았다.

화웨이는 2014년부터 일본 통신 인프라 시장에서의 점유율 확대를 목표로 적극적이고 과감한 판매 공세를 펼치고 있다. 화웨이 일본법인 간부는 "당사의 사이버 보안기술의 신뢰성에 대해서는 정평이 나 있다"고 자부심을 드러냈다. 화웨이는 소프트뱅크와 EMOBILE(이모바일)[6]을 중심으로 꾸준히 납품 실적을 늘려가고 있으며, 경영진은 일본경제단체연합

---

5 일본의 대표적 중공업 기업.
6 일본 제4위 이동통신사.

회(경단련)를 비롯한 일본 산업계에 인맥을 늘려가고 있다.

물론 화웨이는 당이나 군과의 연계를 부정하며, 표 8-1(215페이지)에 있는 것과 같은 당으로부터의 지령 따위는 있을 수 없다고 주장할 것이다. 그러나 공산당의 영향하에 있는 화웨이와 ZTE가 공산당 주도의 기술 절취 및 사이버 공격에 동참하지 않았다고 생각하기란 어렵다.

2015년 3월 베이징 당국은 미국을 비롯한 전 세계 정보통신시스템 산업을 뒤흔드는 발표를 했다.

이 발표는 뜻하지 않게 화웨이, ZTE가 당의 정보기술 전략에 포함되어 있음을 제대로 보여준다. 같은 해 3월 16일자『월스트리트저널』전자판에 따르면, 그 요점은 다음과 같다.

>> 중국 정부는 2015년 3월 15일까지, 중국의 은행에 컴퓨터 장비와 기술을 판매하는 기업은 독자적인 소스코드(컴퓨터 프로그램의 원데이터)와 암호화 키의 이용을 금지하고 중국 기술을 채택한 후 중국 당국의 엄격한 검사를 받아야 한다고 통고했다.

>> 세계적인 IT 기업들은 중국 시장에 대한 진입 확보의 대가로, 독자적 IT 기술을 공개하거나, 중국 기업과 합작회사를 설립하거나, 중국 시장 전용제품과 서비스를 제공해야 하며, 이에 따르지 않을 시 철수를 강요당하고 있다.

>> 새로운 규칙은 은행에 대해 중국제 IT 장비로 교체하라는 정부의 통고로 해석되고 있는데, 미국의 IT 대기업에 심각한 타격을 줄 것으로 보인다.

>> 미국 금융·통신서비스 회사들로 구성된 CSI Coalition of Services Industries의 피터 올가이어 회장은 "이것은 기본적으로 외국 기업보다 중국 기업을 우대하는 산업정책으로, 기업에 중국제 IT 장비 사용을 무리하게 강요하는 것이다"라고 말했다.

>> 미국과 유럽 산업계에서는 이러한 은행에 대한 규제가 중국이 중요시하고 있는 운송·에너지 등 다른 분야에까지 확대될 것으로 예상하고 있다.

중국 정부는 물론 공산당의 지시를 받고 있으며, 위의 규정은 당의 결정에 따른 것이다. 그리고 여기서 말하는 중국산 IT 장비 제조업체를 대표하는 것은 화웨이와 ZTE이다. 외국의 IT 업체들은 중국에서 사업을 계속하려면 중국 측에 기술 일체를 제공하거나 화웨이 등 중국 기업 제품을 채택할 수밖에 없다. 제공된 소스코드 등 기밀정보는 당연히 화웨이 등으로 넘어가게 된다.

또 하나, 미·일·유럽의 은행도 규제 대상에 포함된다. 외국은행도 당·정부 정보 당국과 온라인으로 연결되는 화웨이나 ZTE 장비 사용을 강요받고 있다. 은행 이외의 분야에도 같은 방식이 적용되고 있는 실정이다.

2014년 8월 18일, 거듭되는 중국의 사이버 공격에 익숙한 미군 관계자에게 새로운 충격을 안겨준 사건이 수면 위로 떠올랐다. 미국 최대 규모의 병원 그룹 '커뮤니티 헬스 시스템즈(CHS)'가 중국으로부터 사이버 공격을 받아 약 450만 명 분량의 환자 개인정보가 도난당한 것이다. 같은 해 6월에는 몬태나주 보건위생국 서버에서 약 100만 명의 개인정보가 탈취당하기도 했다. 모두 'APT18'이라는 중국 해커 집단이 공격을 한 것으로 알려졌다.

지인인 미국 정보통에게 들어보니 "가장 우려했던 것은 미국 시민의 유전자 정보 유출이었다"고 한다. 특정 유전자만을 겨냥하는 생화학 무기가 개발되면 그 유전자를 가진 인종 모두가 표적이 될 위험이 높아진다. 마치 SF의 세계 같지만, 2007년 러시아는 국방을 이유로 유전자 샘플 수출을 금지했다.

중국계 투자펀드가 일본 대리인을 통해 의대 계열을 포함한 수도권 대형병원을 인수하려는 움직임도 들린다. 이익 추구라는 동기에 의한 것임에 틀림없지만, 그 이면에는 섬뜩한 기운이 감돈다. 동경대 의과학연구소는 중국과학원 미생물연구소와 분자생물학 및 분자면역학 분야에서 협력하고 있으며, 일본 독립법인인 '물질-재료연구기구'는 중국과학원 대련화학물리연구소와 연료전지 공동연구에 매진하고 있다. 민간용으로 보이지만, 중국 측은 수시로 일본의 기술 연구 성과를 군사용으로 전환할 것이다.

대미 사이버 공격의 강화에서 볼 수 있듯이 중국은 덩샤오핑이 깔아놓은 '도광양회'라는 소프트 전술을 시진핑 체제하에서 전면적으로 버리고, 힘을 모두 발휘하여 취할 수 있는 것은 최대한 취하는 노선으로 선회했다. 미국과 달리 '전쟁하지 않는' 일본 헌법 제9조처럼, 방어하지 않는 일본의 연구기관은 좋은 표적이 된다.

일본 국회는 미국 의회를 본받아서 중국으로 유출되는 최첨단 민간용

기술이 일본을 공격하는 무기가 되지 않도록 화웨이나 ZTE 등 대일 진출 중국 기업이나 중국 측과 제휴하는 연구기관, 대학을 철저하게 조사해야 하지만, 그러한 움직임은 전혀 없다.

여기서 필자는 2014년 당시 중국의 첨단기술 절취 대일 공작의 실태에 대해 직접 취재한 기록을 소개하겠다. 2023년 6월 현재 그들의 대일 침투 공작을 파악하는 데 있어 빠뜨릴 수 없는 참고 자료가 될 것이다.

첨단기술 절취를 위한 중국의 대일 공작
2014년 8월 취재노트에서

"당신 부모님은 난징 출신이군요. 일본군에 의한 '난징 사건'을 잊지 않으셨겠지요."

2014년 7월 19일 중국 선전시 푸톈구에 위치한 샹그릴라 호텔의 넓은 라운지에, 두 남자가 마주 보고 있었다. 일방적으로 떠들어대는 중년 남자 H는 중국 공군의 원로였고, 대만 태생의 미국 국적 컴퓨터 기술자인 K가 이를 듣고 있었다. 6세 때 IQ가 200을 넘어 주변을 놀라게 했던 K는 미국 유학 시절 천재적인 이공계 두뇌가 미군 관계자의 눈에 띄어 1990년대 록히드마틴이 주축이 되어 개발한 스텔스형 통합 타격전투기(JSF) F-35와 무인정찰기(드론)의 영상시스템 개발에 참여했다. IBM 기술진과 협력해 동 시스템용 슈퍼컴퓨터를 만든 지 얼마 지나지 않아 1996년 대만 해협 위기가 발발했다. 미 국방부는 K에게 새로운 임무를 맡겼다. "중국군 간부들에게 중국군이 미군에 도전하는 것은 무의미하다는 것을 인식시켜라." 이 지시를 받고, K는 1998년경부터 2002년까지 몇 달에 한 번씩 중국을 방문하여 군사기술 세미나를 열고 중국군 간부들 앞에서 미중 간 기술 격차가 얼마나 큰지 강연해 왔다. 그 교류를 통해 알게 된 H와 K는 이후 '라오펑요우(오래된 막역한 친구)'가 되었다. 중국인들은 상대가 라오펑요우가 되면 아주 개방적으로 대하는데, H도 그랬다.

H는 라운지에서 K를 맞이하고는 자신의 휴대전화를 꺼내어 "중국과학원 간부가 당신한테 보내는 메시지가 있다"며 화면을 열었다. 내용은 다음과 같다.

발신자: 상하이에서 루안 하오阮昊
일시: 6월 14일 오전 11시 4분

"일본 정보통신연구기구(NICT)는 3D입체화상기술 개발에서 다시점多視点형과 홀로그램형 두 가지 기술 개발에 주력하고 있다. K씨는 다시점형으로 우리와 함께해 주지 않겠는가? 우리는 지금 그것과 유사한 기술개발 프로젝트를 준비하고 있다."

NICT는 도쿄도 코가네이시에 본부를 둔 독립행정법인으로 정부의 지원을 받아 최첨단 정보통신기술 개발에 힘쓰고 있다. 3D입체화상기술은 실물과 같은 입체화상을 스크린에 재현해 실시간으로 전송하는 것을 말한다. NICT는 '초현실적 영상 시스템'이라는 이름을 붙이고 개발에 매진하고 있는데 2020년 도쿄올림픽에서 3D안경 없이도 볼 수 있는 차세대 입체 TV로 시험방송을 송출하는 것을 목표로 하고 있었다.

루안 하오는 43세의 엘리트 기술자로 레이저 무기 기술 개발을 담당하는 '중국과학원 상하이광학정밀기계연구소(SIOM) 주임'이자 '중국과학원 상하이마이크로시스템연구소(SIMIT)'의 담당자였다. '과학원'은 단순한 정부 산하 연구기관 같은 인상을 주지만 실제로는 중국 인민해방군과 직결되어 있으며 SIOM·SIMIT는 모두 군사기술개발센터이기도 하다. 미국은 두 연구기관이 위성을 이용한 지상 공격, 해커 공격과 적대국의 위성 파괴 기술 개발에 총력을 기울이고 있다고 판단해 경계했다. 루안 하오는 위성을 이용한 중국 군사기술 개발의 핵심 인물이었다.

3D화상기술은 매우 민간용으로 보이고, NICT의 간부들도 그렇게 믿고 있는 듯했다. 그러나 중국이 실용화를 서두르고 있는 것은 군사용이었다. 이 기술을 사용하면 표적을 순간적으로 탐지하고 거리를 정확하게 측정할 수 있기 때문에 무인 정찰기, 중거리 미사일, 항공모함 킬러 미사일의 눈이 된다. 미사일 공격 시 전파 산란에 의한 미사일 방어망을 쉽게 돌파할 수 있다.

루안 하오는 3D화상기술 개발의 선구자인 K를 목표로 삼았다. K는 미군용 기술 중 민간용으로 전용이 허용되는 부분만 추출하여 2011년 6월 일본에 R사를 설립하고 2013년 8월에 시스템설계회사인 S사를 통해 NICT로부터 3D화상전송시스템을 수주한 '실적'이 있었다.

루안 하오의 메시지에서 말하는 '다시점형'은 수백, 수만에서 수백만 개의 시점에서 포착한 화상을 비추는 방식이고, '홀로그램형'은 레이저를 물체에 조사하여 반사된 빛의 파형을 분석해 입체화상으로 재생하는 기술이다. K의 R사는 다시점형인데 여기서 가장 어려운 부분이 입체영상의 왜곡을 없애는 '기하보정'이라는 기술을 구현하는 것이다. K는 컴퓨터로 이 왜곡 보정이 가능했다. NICT는 이 점을 특히 높게 평가한 것으로 보이는데, 중국 측도 간절히 원하는 기술임에 틀림없었다. K를 포섭하기 위한 공작은 인해전술로 포위하여 서서히 조여들어 항복시키는 인민해방군의 전술 그 자체였다.

H는 "우리는 2,000명의 공작원을 일본에 보내 놓았다"며 루안 하오로부터 받은 문서의 사본을 보여주었다. R사가 S사와 NICT에 제출한 3D 화상전송시스템의 사양, 프레젠테이션용 파워포인트 파일, 그리고 소스코드였다. 즉 R사의 가장 소중한 기술 정보를 모두 입수했다는 말이었다.

그러면서 H는 "K씨, 우리는 연구 자금이 충분합니다. 당신은 우리와 같은 중국인입니다. 미래가 없는 일본에서의 사업은 포기하고 우리와 함께해 주십시오. 상하이에 가서 루안 하오 씨를 만납시다"라며 압박했다.

처음에 언급한 '난징 사건'은 '확실한 한 방'의 의도였겠으나 K는 "상하이에 갈 생각이 없다"며 정중하게 거절하고 자리에서 일어났다.

미국에 대한 K의 충성심은 흔들림이 없었다. 미국 정부도 희귀한 재능의 소유자인 그를 중요하게 여겨 미국으로 귀국하는 동안 FBI가 신변의 안전을 보장했다.

이런 상황이기 때문에 중국 측은 통상적인 수단으로는 K를 회유할 수 없다고 판단했을 것이다. 방법은 있었다. H는 "일본인은 돈에 상당히 약한 것 같다. 매수하기 쉽다"라고 말하며, R사가 NICT 전용으로 납품하는 시스템을 두 번에 걸쳐 파괴했다. 먼저 반도체 보드의 시제품 납품을 취소했고, 다시 만든 시제품 보드에서는 전원용 커넥터를 누락시켰다.

기술개발 전문기업인 R사는 반도체 보드의 시제품을 개발하기 위한 설비가 없어 레이아웃디자인회사 등에 시제품 제작을 의뢰해야 했다. R사는 2013년 8월에 주문을 받고, 가와사키시의 N사에 보드 시제품을 발주했지만 납품된 제품에는 결함이 있었다. N사의 많은 고객이 중국 기업이었다는 사실이 나중에 밝혀졌다. 일본의 주요 전자 및 광학장비 제조업체 5개사가 N사에 시제품을 발주했더니 그 기술이 고스란히 복제되어 선전의 중국 기업으로 유출되었고 홍콩에서 제품이 출시되었다는 보고서가 일본 당국에 제출되었다. 피해를 입은 대형 기업들은 이 사건을 공식화하면 오히려 중국 당국의 눈밖에 나서 중국 시장에서의 비즈니스에 불이익을 당할까 봐 아무 문제 제기도 할 수 없었다고 한다.

R사는 2013년 10월에 N사와 계약을 파기한 후 반도체 보드의 설계는 P사, 보드의 제작은 F사에 위탁했지만, 납품된 보드에는 전원용 커넥터가 들어 있지 않았다. 그 사실을 K와 R사가 깨달은 것은 2014년 7월 1일이었다. 루안 하오는 이미 6월 중순에 전원용 커넥터 누락 건을 H에게 보고했다. 당사자 K도 미처 몰랐던 사실을 루안 하오가 파악하고 있었던 것은 파괴공작에 대한 관여를 시사하기에 충분했다.

정보통신의 최전선에 침투하는 중국 공작원들. 하지만 보이는 것은 그림자뿐이다. 중국 스파이들이 일본의 관련 산업, 연구기관 등에 침투한 흔적은 곳곳에 많지만, 대상 기업 등 조직명이나 인명 등 구체적인 범죄 행위를 입증할 수 있는 결정적인 증거는 절대 남기지 않는다.

1980년대 후반 미국이 일본산 반도체의 덤핑을 적발했다. 이때 뒤에서 활약한 것은 미 중앙정보국(CIA)이다. 민군 겸용 기술인 반도체는 CIA의 일상적 모니터링 대상이었기 때문에 유통 경로와 가격 데이터를 조사하는 데 오랜 시간이 걸리지 않았다. CIA는 홍콩에서 방대한 증거를 수집해 워싱턴의 미국 무역대표부에 보냈다. 일본 측은 그 데이터 목록을 보고 경악을 금치 못했고 굴복했다.

2014년 7월 28일, 일본 체류 중이던 K에게 실리콘밸리의 중심지 산호세에 위치한 자신의 연구소에서 긴급 연락이 왔다. "미국 정부로부터 경고를 받았다"며 "R사가 구입한, 미국 알테라 코퍼레이션에서 제조한 FPGA(제조 후 사용자가 내부 논리 회로의 구조를 변경할 수 있는 집적회로) 일체가 31일 고스란히 중국의 손에 넘어간다고 한다. 급히 확인해야 한다"는 것이었다.

당일 저녁 R사는 관련사항 일체를 맡고 있는 F사의 담당 부장에게 문의한 결과 "가지고 있지 않다. 바로 반환할 수 있는 상황이 아니다"라는 말도 안 되는 답변을 들었다. 따져 묻자 담당 부장이 "실은 P사에 두고 있다"고 말해 R사는 다음 날 오전 P사에 차를 몰고 들어가 제품을 모두 회수해 왔다.

2014년 8월 1일 오전, R사와 파트너 S사의 간부는 F사를 방문해 왜 회사 외부로 옮겼는지 설명을 요구했지만, F사 담당자는 "품질검사를 위해서였다"고 끝까지 주장했다. 그러나 그들이 옮겨 놓은 P사는 사원 두세 명의 보드 설계 전문업체로 칩 검사 설비를 갖추고 있는 곳이 아니었다.

FPGA 200개는 개당 36만 엔, 총 7,200만 엔에 해당한다. 게다가 미국의 수출 금지 품목이다. 엄격한 관리가 요구되는 고가의 기술자산을 F사는 소유주에게 알리지도 않고 다른 곳에 옮겨 놓았던 것이다.

R사 측이 점검해보니 FPGA용 골판지 상자 24개 중 하나와 PROM(특정 절차로 입력이 가능한 읽기 전용 메모리)용 세 상자가 개봉되어 있었다. PROM 쪽은 실리카겔을 첨부한 이중, 삼중의 진공 포장이 모두 뜯어져 있었다. 이 PROM은 FPGA와 세트가 되는 반도체로 K가 3D 화상 처리 소스코드를 알테라의 시설에서 입력해 FPGA와 함께 슈퍼컴퓨터의 중추를 구성할 예정이었다. 이 '하수인'은 소스코드가 이미 입력되어 있다고 판단해 그것들을 읽어내려고 했을 테지만, 다행히 K는 어느 칩에도 입력하지 않은 상태였다.

미국 당국은 군용과 민간용을 막론하고 미국 제조업체가 독점하고 있는 FPGA칩의 수출을 규제하고 있으며, 수출을 하더라도 그 흐름을 지속적으로 모니터링하고 있었을 것이다. FPGA와 PROM의 포장만 뜯어도 미국이라면 민군 양용 기술에 대한 스파이 혐의가 적용되어, FBI의 수사가 시작되지만 일본에서는 정해진 것이 없다. H가 암시한 중국의 공작에 의한 사건인지 아니면 F사의 단순한 실수인지 그 진상은 알 수 없다.

3D화상기술 개발을 둘러싼 여러 의혹과 사건이 있었지만 일본 당국

의 본격적인 수사가 시작되지 않는 한 중국의 관여를 입증할 수 없을 것이다. 하지만 직소 퍼즐처럼 따로따로 나뉜 다수의 조각들을 연결해보면 전체 그림이 보인다.

그것은 중국공산당이 총력을 기울여 일본의 정보통신시스템과 관련 기술을 장악하는 동시에 사이버 공격을 포함한 군사적 측면에서도 일본을 무력화시킨다는 시나리오이다. 그 음모에 대해 일본은 너무 무방비 상태였고, 게다가 문제 의식마저 부족하다.

중국의 첨단기술 절취의 역사 2

표 8-1은 미국 정보 관계자 등의 취재에 근거한 중국의 사이버 전쟁에 관여하는 기관의 상관관계도이다.

일본을 대표하는 연구기관인 이화학연구소와 국립연구개발법인인 정보통신연구소, 산업기술종합연구소는 자신들도 인지하지 못한 채 중국의 스파이 기관과 제휴하여 기술자를 받아들이고 있다. 이 외에 도쿄대, 도호쿠대 등 국립대학 및 와세다대 등 유력 사립대 이공계 대학원에도 중국인 연구원들이 대거 진출해 있다. 산업기술종합연구소에서는 2023년 6월 중국 국적의 선임 책임연구원에 의한 연구 데이터 유출이 적발된 바 있다.

인민해방군 산하의 중국과학원 상하이마이크로시스템연구소(SIMIT)와 상하이광학정밀기계연구소(SIOM)는 위성 파괴 장치, 위성통신 감청

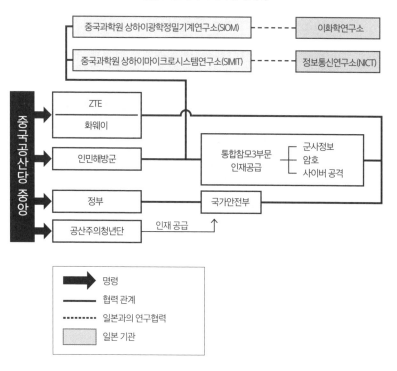

표 8-1 **중국의 사이버 공격 체제**

중국과학원 상하이광학정밀기계연구소(SIOM) ----- 이화학연구소

중국과학원 상하이마이크로시스템연구소(SIMIT) ----- 정보통신연구소(NICT)

중국공산당 중앙

ZTE
화웨이

인민해방군

정부

공산주의청년단 — 인재 공급 ↑

통합참모3부문
인재공급 — 군사정보
암호
사이버 공격

국가안전부

➡ 명령
— 협력 관계
----- 일본과의 연구협력
⬛ 일본 기관

기술, 고밀도 레이저빔 개발위성 개발에 관여하고 있다. 이것들은 통신
수단을 이용한 해커 공격, 레이저를 이용한 적대국의 위성 파괴나 위성
으로부터의 지상 공격을 가능하게 한다.

　두 연구기관에는 일본을 대표하는 연구기관이 파트너로 참여하고 있
다. SIMIT의 상대는 NICT이며 SIOM의 파트너는 이화학연구소이다.
SIOM이 몰두하고 있는 '레이저 파괴 무기 개발'에는 이화학연구소의
기술이 관련되어 있다.

2014년 1월 17일 NICT는 SIMIT와 연구협력각서에 조인했다. 기간은 당일부터 2016년 3월 말까지로 협력 분야는 "정보통신기술, 특히 초전도 과학기술, 바이오 과학기술, 테라헤르츠 과학기술"로 되어 있어 매우 평화로운 목적으로 보인다. 그러나 SIMIT가 군사기관인 이상, 진짜 목적이 무엇인지는 불 보듯 뻔하다. 미 정보통에 따르면 미국 정부는 NICT를 '정보통신기술의 확산센터'로 보고 경계하고 있다.

이보다 앞선 2013년 9월 10일 이화학연구소는 SIOM과 연구협력각서를 체결했다. 이화학연구소 홈페이지에서는 SIOM에 대해 "1964년에 설립된 중국 최초이자 최대 규모의 레이저 전문 연구소이며, 현대 광학의 중요한 기초와 응용의 첨단과학을 탐구하여 대형 레이저 개발 및 광양자 첨단기술을 개척하는 국가 중점 종합연구소이다"라고 소개했다. SIOM이 최첨단 레이저 무기 연구기관이라는 것은 조금만 찾아보면 알수 있는데, 이화학연구소는 이에 대한 인식이 전혀 없었던 것 같다.

NICT도 이화학연구소도 중국 측 파트너들과의 협력양해각서 전문, 인적 교류 목록, 중국 측에 넘긴 기술 연구 내용 일체를 공개해야 할 것이다. 그런데 NICT 측은 2014년 9월 초 연구 파트너 계약을 맺은 SIMIT가 인민해방군 계열이 아니냐는 외부 지적을 받자, 홈페이지에 게시된 연구협력양해각서 목록에서 SIMIT의 이름을 삭제해버렸다.

첩보 부문은 어떨까. 엄밀히 말하면, 첩보는 정부의 국가안전부(장관급) 소관이지만, 공작원 인력은 공산주의청년단에서 공급받는다고 한다. 화웨이나 ZTE도 당 중앙의 직속기관이다. 당의 지휘 체계에서 정부, 군과 동급이다. 공작원을 일본에 보내라는 지시를 내리는 곳은 당 중앙이고, 국가안전부는 그 지시를 따른다.

제9장

차이나머니에
잠식된 일본

잇따른 일본인 구속

2023년 3월 중국 국가안전당국이 일본 아스텔라스제약의 현지 법인 간부를 구속한 사건은 중국에 대한 투자 리스크가 그 어느 때보다 높아졌다는 것을 단적으로 보여준다. 하지만 구속 사건 후 베이징을 방문한 하야시 요시마사林芳正 외무장관은 대중 투자를 계속하겠다고 약속했다. 이처럼 정확한 대응 전략에 대한 인식이 부족하니 중국이 얕보는 건 당연한 일이다.

일본에 대한 중국의 부당한 괴롭힘은 공산당 정권의 일반적인 관행이다. 2010년 9월에는 오키나와 센카쿠 열도 주변 영해에 침입한 중국 어선과 일본 순시선 충돌 사건으로 일본 해상보안청이 중국인 선장을 체포했는데, 이후 건설 대기업 후지타의 직원 등 4명이 중국 당국에 구속된 바 있다.

중국 당국의 일본 기업과 재중 일본인에 대한 겨냥은 아스텔라스제약의 중국 법인 간부에게만 국한되지 않았다. 2015년 이후 간첩 혐의 등으로 구속된 일본인 직원과 연구원은 17명 이상이다. 2012년 9월에는 중국 각지에서 반일 폭동이 잇따랐고, 일본 기업의 공장과 상점이 방화 등에 의해 파괴되어 총 수십억 엔에서 100억 엔 정도의 피해를 입었다. 그런데도 오히려 일부 일본 자동차 회사는 엉뚱하게 표적이 된, 일본차를 소유한 중국인들의 피해를 보상하겠다고 울며 겨자먹기로 나섰다. 그만큼 각 기업들은 중국 시장에 빠져들어 시장 점유율 확보에 우선순위를 두었다. 수익금은 현지에 재투자하고, 중국 측의 요구가 있을 때마다 일본으로부터 첨단기술을 이전해 주었다.

이야기를 앞서 구속된 일본인으로 돌려보자. 구속된 일본인은 20년 이상 중국에 주재하며 중국일본상회[1]의 간부로서 일중 우호 증진에 기여해 왔다. 중국 정부 및 국유기업 관계자와의 교류가 깊은 인물이었다. 그런 사람이 귀국 직전에 '간첩 혐의'로 구속된 것이다. 중국 당국은 이 직원의 교류의 깊이를 역이용해 반간첩법 위반 혐의를 씌운 것으로 보인다. 그렇다면 중국 당국이 갑자기 이렇게 움직인 이유는 무엇일까?

이번 구속 사건은 일본 기업의 탈중국 움직임이 있었고, 이를 감지한 시진핑 정권이 견제에 나선 것이다.

구속된 일본인은 중국일본상회 부회장으로, 중국에서 사업을 철수하는 방법과 기업비밀과 대중 기술 유출 방지에 대한 일본 기업 간 정보 교류의 중심이 되어 온 인물이다. 이를 경계한 중국 당국이 오래전부터 열쇠를 쥐고 있는 이 일본인을 눈여겨보고 있었음에 틀림없다.

---

1 중국과 일본 간의 경제 교류와 협력을 촉진하기 위해 설립된 단체.

아무리 강권을 휘두르는 중국이라도 외국인을 구속하면 외교 문제가 된다. 간첩법 위반으로 조작할 수 있는 자료와 정보를 내부자들의 협조로 수집해 왔을 것이다. 시진핑 정권은 외국 기업의 중국 투자 축소와 기술 제한에 신경을 곤두세우고 있다.

일본 기업 입장에서는 이번 구속 사건이 대중 투자 리스크 그 자체이며, 탈중국을 진지하게 고려하는 것이 당연하다. 역대 친중파가 회장을 맡았던 일본경제단체연합회도 토쿠라 마사카즈 회장이 2023년 4월 3일 이임 인사차 방문한 우지앙하오吳江浩 주일중국대사에게 "자유롭고 안정적인 경제활동이 보장되지 않으면 일본 경제계는 불안해한다. 그런 나라에는 진출하지 않겠다"고 말했다고 4월 4일 기자회견에서 밝혔다. 사쿠라다 겐고 일본경제동우회 대표간사도 같은 날 기자회견에서 "중국은 법치국가라고 하지만, 구체적인 사실관계가 전혀 밝혀지지 않고 (구속이) 귀국 직전인 것을 이해할 수 없는 것을 포함해 어떤 일이 벌어질지 알 수 없는 나라다. 경영과 투자 판단은 신중할 수밖에 없다"고 지적했다. 이쯤 되자 일본 재계에서도 비로소 대중 투자 리스크에 대한 언급이 나오기 시작했다.

물론 재계는 어디까지나 자율적인 영역이기 때문에 도요타자동차, 파나소닉, 닛산, 히타치 등 여전히 대중 투자에 열심인 개별 기업의 행보에 영향을 미치지는 않는다.

그렇다면 2023년 4월 2일 방중한 하야시 외무장관은 중국 측에 어떤 발언을 했을까? 외무부 홈페이지에 따르면, 하야시 외무장관은 리창 총리와의 회담에서 "일본인이나 일본 기업이 중국에서 안심하고 활동할 수 있는 환경이 매우 중요하다고 지적했다"는데, 마치 남의 일 같은 말투이다. 중국은 일본의 이 연약함을 찔러온다. 4월 3일자 중국 신화통신사의 일본어판에서 리창 총리는 "일본이 계속 대중 협력을 심화시켜 중국 경제 발전이 가져다주는 혜택을 공유하고 중일 호혜협력의 새로운 장을 계속 써내려가는 것을 환영한다"고 말했다고 전했다. 이에 대해 하야시 외무상은 "일본은 대중 협력 추진에 힘을 쏟고 있다, '탈중국화' 방식은 취하지 않을 것"이라고 답했다고 한다.

일본인이 사실관계를 알 수 없는 상태에서 억류된 상황임에도 대중 협력을 강조하면서 탈중국을 하지 않겠다고 말한 것으로 보도한 것은 일본을 상당히 얕잡아 본 것이다. 중국공산당 특기인 선전공작이 틀림없지만 일본 외무부는 신화통신사에 대해 침묵으로 일관하고 있다. 이러면 "탈중국은 하지 않겠다"는 약속이 기정사실화 되어버린다. 기시다 정권의 대중 외교는 일본 정부의 긴장감 부재를 상징한다.

일중 우호 노선의 속박

하야시 외무상을 비롯한 친중파의 사고는 1972년 일중국교정상화 이후 일중 우호 노선에서 벗어나지 않은 상태이다. 미국의 대중 정책은 '협력'에서 '경쟁'으로, '융화'에서 '경계'로 바뀌어 왔음에도 불구하고 말이다.

2017년 출범한 트럼프 정부는 중국의 불공정한 무역 관행에 대한 제재 관세를 발동하여 화웨이 등을 미국 시장에서 퇴출시켰다. 2021년부터 바이든 정부는 반도체 관련 첨단기술 수출 규제를 강화하면서 일본과 유럽에 동조할 것을 요구하고 있다.

미국의 동맹국인 일본으로서는 미국 측에 동조하면서도 중국 시장도 중시하는 양면적인 노선을 취했지만 더 이상 그렇게 할 수 없게 되었다. 전환점은 러시아의 우크라이나 전쟁이다.

시진핑 주석은 푸틴 대통령과 2022베이징동계올림픽 때의 회담에서 이미 양국의 우호와 협력에 대한 약속을 했다. 시진핑 정권은 독단적인 근거를 내세워 민주주의 체제인 대만 합병을 위해 언제든 군사적 침공에 나설 수 있으며 이는 하나도 이상하지 않다.

때맞춰 중국은 2022년부터 부동산 버블 붕괴가 시작되면서 주택 등 부동산 투자주도형 경제모델이 교착상태에 빠졌다. 시진핑 정권은 2022년 가을 당대회, 그리고 2023년 초 전인대를 통해 당이 경제·금융 정책을 직접 지휘하는 체제로 전환했다.

외화에 크게 의존하는 중국 경제의 약점을 당 주도로 극복하고자 시정권은 외자 유치에 수단과 방법을 가리지 않는다. 외국인 구속은 말할 것도 없고, 외국 기업의 공급망을 차단하고 상대국에 대한 부품 및 원자재 공급 중단, 수입 금지 등이 바로 그것이다.

그래프 9-1은 외국의 대중 증권 투자와 직접투자의 추이를 일본 엔화로 환산해 표시한 것이다. 눈에 띄는 점은 우크라이나 전쟁 발발 이후 해외의 대중 증권 투자가 감소세로 돌아섰다는 점이다. 위험에 민감하고

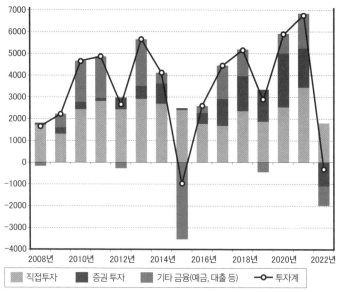

그래프 9-1 **외국의 대중 투자 동향**(유통액 기준, 억 달러/연간)

직접투자	증권 투자	기타 금융(예금, 대출 등)	투자계

데이터: 중국외환관리국, CEIC

도망치기 쉬운 주식과 채권 투자자들이 주춤하고 있다.

막대한 무역수지 흑자만으로는 일대일로 등 대외투자 자금을 충분히 충당할 수 없어 해외로부터의 증권 투자에 의존해 왔던 것이 뼈아프다.

남은 희망은 미·일·유럽의 대중 직접투자이며, 이는 여전히 증가 추세다. 세계 최대 자동차 시장인 중국에서 외국자본은 전기차 점유율 경쟁을 치열하게 벌이고 있다. 시진핑 정권은 강경한 태도다. 미·일·유럽은 대중 투자를 억제함으로써 경제적 위협에 대항할 수밖에 없다.

시진핑 정권의 제로코로나정책은 중국에 부품과 소재 공급을 의존하

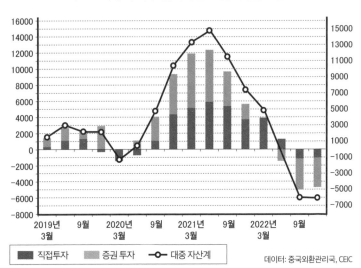

그래프 9-2 **해외로부터의 대중 투자 잔고 전년비 증감(억 달러)**

범례: ■ 직접투자 ■ 증권 투자 ─○─ 대중 자산계

데이터: 중국외환관리국, CEIC

는 글로벌 공급망의 취약성을 여실히 드러냈다. 한창 성장하던 중국의
첨단산업은 미국의 반도체 제조장비의 대중 수출 금지로 큰 타격을 받
고 있다. 게다가 우크라이나 관련 미국의 대중 금융 제재 우려는 전쟁 시
작 이후 계속되고 있다. 외국 투자자와 기업들은 이러한 투자 리스크를
인식하고 이미 투자 철회에 착수했다.

그래프 9-2는 외국의 대중 직접투자, 증권 투자 및 이를 포함한 외국
의 대중 자산 총액의 전년 동기 대비 증감액을 보여준다. 모두 잔액 기준
이며, 2021년까지 급속도로 팽창했다. 채권과 주식으로 구성된 증권 투
자는 우크라이나 전쟁 직후 축소되기 시작해서 2022년 9월 3,930억 달

러 감소, 같은 해 12월에는 3,770억 달러 감소했다. 직접투자도 이에 따라 9월 이래 1,000억 달러가 넘는 감소를 보이고 있다.

이로써 2022년 말 대중 자산 잔액(중국 입장에서는 대외부체)은 전년 말 대비 6,090억 달러나 감소했다. 기관 투자자 등의 금융 투자와 제조업 등의 직접투자 양쪽 모두 탈중국이 뚜렷해지고 있다.

이 추세 자체가 중국 리스크를 더욱 부풀린다. 인민은행은 유입되는 외화를 바탕으로 자금을 발행하여 위안화 신용을 유지해 왔다. 외화 유입 감소의 대부분은 무역수지 흑자 등 경상수지 흑자와 외국의 대중 투자다. 경상수지 흑자는 2022년 4,020억 달러에 달하지만, 외국의 대중 자산 감소는 이를 2,000억 달러 이상 상회한다. 자산 자체는 누적 기준이고 경상수지 흑자는 기간 단위로 변화하기 때문에 단순 비교는 불가능하지만, 외국의 대중 추가 투자가 늘지 않으면 중국은 심각한 외화 부족에 빠지고 달러에 의존하는 국내 금융이 위기를 맞을 것이다.

사재기당하는 일본

중국 자본의 일본 사재기는 이미 오래전부터 활발했던 홋카이도에만 국한되지 않는다. 중국인 여성이 오키나와 본섬 북쪽에 있는 무인도인 야나하섬을 구매했다고 한다. 그 배경에는 급속한 차이나머니의 팽창이 있다.

중국의 총통화량을 일본 엔화로 환산하면 2022년 12월 말 5,055조

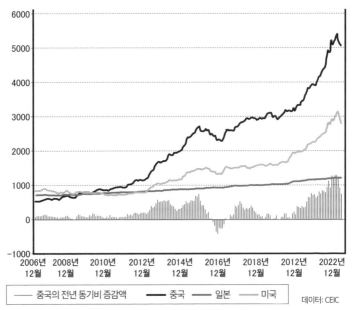

중국의 전년 동기비 증감액	중국 일본 미국	데이터: CEIC

엔을 상회해 일본의 1,212조 엔을 압도한다. 전년 동기 대비 증가액은
2022년 12월에 752조 엔(일본의 경우 34조 엔)이며, 6월부터 10월까지 1,200
조 엔 내외(일본은 약 40조 엔)로 불어났다. 일본의 최근 총통화량은 1,210
조 엔 내외이므로, 차이나머니는 1년 만에 일본의 총통화량만큼이 불어
난 셈이다.

중국의 인구는 일본의 10배에 달한다. 총통화량의 국민 1인당 평균은
일본이 더 높지만, 중국의 경우 부의 편중이 심하다. 인구의 10%가 부유
층이라 해도 그 수가 일본 전체 인구를 넘어선다. 도쿄 도심에 건설 중인

초호화 아파트가 면적 80m²급으로 3억 엔대에 육박하는데, 이를 중국에서는 중산층에 불과한 사람들이 현금으로 구매한다고 한다.

홋카이도의 광활한 리조트와 원시림이 사재기당하는 것도 지방 경제의 피폐와 밀접한 관련이 있다. 전국 각지의 숙박 및 관광업계는 중국 단체 관광객의 방문 소비 재개를 손꼽아 기다리고 있다. 야나하섬의 구매자는 산둥성 칭다오 출신의 34세 여성으로 가족들이 금융업과 부동산업에 종사하고 있으며 가족회사를 통해 섬을 사들였다고 밝혔다. 이처럼 중국인이 일본 부동산을 구매하는 사례는 앞으로 더욱 늘어날 것이다.

일본이 중국의 머니 파워에 쉽게 휘말리는 이유는 일본의 만성적인 디플레이션과 글로벌 금융의 흐름과 큰 관련이 있다.

디플레이션 경제에서는 수요 위축으로 물가와 임금이 오르지 않는다. 수요를 늘리기 위한 지름길은 실물경제를 부양하기 위해 재정지출을 확대하는 것이지만, 정부는 소비세 인상과 재정지출 축소에 의한 긴축재정 노선을 계속 이어오고 있다.

2012년 12월에 시작된 아베노믹스는 탈디플레이션을 목표로 했지만, 그 역할을 오로지 일본은행[2]의 전례 없는 금융완화정책에만 의존했다. 일본은행이 막대한 자금을 발행하여, 금리 0% 이하의 자금을 시중 금융기관에 공급한다. 시중은행이 그 자금을 대출로 돌리면 생산과 설비투자가 활발해지고 그 결과 수요가 늘어나는 선순환을 기대했지만, 그렇게 되지는 않았다. 소비세 인상 등과 긴축재정의 영향으로 수요가 늘지 않

---

2 일본의 중앙은행.

왔기 때문이다.

늘어난 일본은행 자금은 국내 자금 수요 부족으로 기축통화인 달러가 지배하는 국제금융시장으로 흘러 들어간다. 다양한 국가의 금융기관과 기업들이 국제금융시장에서 자금을 조달하지만, 그중에서도 높은 성장세를 지속하고 있는 중국이 주요 차입처가 될 것이다. 미국과 유럽의 투자펀드 등 금융자본은 대중 투융자에 열을 올린다.

중국 인민은행은 위안화 자금을 발행해 유입되는 달러를 사들인다. 국유 상업은행 등이 위안화 자금을 대출해 국내 생산, 부동산 개발 등 고정자산 투자를 활성화한다. 결과적으로 돈은 시중은행 예금이 되어 환류한다. 대출이 새로운 예금을 낳는 신용창출이 총통화량을 팽창시키는 것이다.

그래프 9-4는 전술한 돈의 흐름을 나타낸다. 즉, 이례적 금융완화의 기점인 2012년 말 대비 일본은행의 자금 발행과 일본의 대외금융채권, 인민은행의 자금 발행 및 중국의 대외금융부채 증가 추이를 추적하고 있다.

일본은행 자금 발행과 일본의 대외금융자산이 동시에 증가하면서 2015년부터 2021년까지 그 절대액이 상당히 근접한 것은 놀라운 일이다. 한편, 중국의 대외금융부채 증가 추세는 인민은행 자금 발행뿐만 아니라 일본의 대외금융자산 증가 추세와도 궤를 같이한다.

일반적으로 일본은행이 돈을 찍어내면 중국은 외채를 늘리고 위안화 자금을 늘릴 수 있다. 그 결과 중국은 신용창출을 통해 총통화를 팽창시킬 수 있다. 중국의 일본 사재기는 일본은행의 금융완화가 모든 원인이라고는 할 수 없지만, 무관하다고도 할 수 없다.

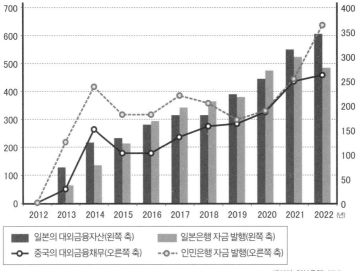

그래프 9-4 **일본은행 자금 발행, 일본의 대외금융자산과
중국의 대외금융부채의 2012년 말 대비 증가액(조 엔)**

데이터: 일본은행, CEIC

중요한 점은 일본이 디플레이션에서 벗어나지 못하고 있다는 점이다. 특히 문제가 되는 것은, 이례적 금융완화의 효과를 감소시키는 긴축재정이다. "이례적 금융완화를 중단하라"고 주장할 생각은 없다. 다만 기시다 정권이 재무성 주도로 추진하는 증세와 재정균형화 노선으로 간다면 일본은행의 정책 효과는 극히 제한적이어서 탈디플레이션은 실현될 것 같지 않다는 것이 지금까지 10년간의 이례적 금융완화의 교훈이다.

중국인의 일본 국토 매입은 안보 위협이 될 수 있다. 규제 강화와 동시에 재정과 금융 양면으로 탈디플레이션을 서두르지 않으면 차이나머니에 계속 휘둘리게 될 것이다.

제10장

위안화제국에
어떻게 맞설 것인가?

중국의 통화 전략이란?

시진핑 체제의 대외팽창 전략은 상품 공급력과 위안화 파워를 결합하는 것에 특징이 있다.

필자의 지인이자 중국 문제 전문가인 더글러스 팔(부시 대통령 특별보좌관으로 2002년부터 4년간 미국재대만협회 대표부 대표를 역임)에 따르면 "중국에는 전술은 있지만 전략은 없다. 그 전술이란 상대가 한 발 물러서면 중국이 두 발 앞으로 나아가고, 상대가 한 발 앞으로 나아가면 중국이 두 발 물러서는 것"이라는 견해를 갖고 있다. 확실히 군사적 측면에 국한하면 그런 느낌이다.

예를 들어 1996년 대만에서 중국인 사회 최초로 직접투표에 의한 총통 선거가 실시되었을 때 중국은 대만 근해에서 대규모 군사훈련을 실시하며 대만 앞바다에 미사일을 발사했다. 이에 대해, 당시 미국 클린턴 행정부는 태평양 함대의 재래식 항공모함 '인디펜던스'의 대만 해역 파견으로 문제를 끝내려 했지만 중국 측의 공세는 더욱 거세졌다. 그래서 백악관은 더글러스 팔 등의 조언을 받아 페르시아만에 배치된 핵항공모함 '니미츠'와 호위함대를 추가 파견하여 군사훈련 연장을 취소시키고 해협에서 함선을 철수했다.

2014년경부터 중국은 국제법을 무시하고 난사군도를 매립하기 시작했다. 2015년 9월에는 조성한 인공섬에 세 번째 활주로를 건설하고 있는 것이 위성사진을 통해 드러났다. 이에 대해 당시 오바마 행정부는 같은 해 10월 이지스 구축함 '라센'을 인공섬 12해리 이내 해역으로 진입시켜 항행하는 '항행의 자유' 작전 등을 시작했지만, 항의의 의사 표시 정도에 그쳤다. 중국 측은 미국 측의 유약함을 간파하고 이후에도 매립과 비행장 건설을 계속 추진했다.

중국에 대해 소극적으로 대응하지 말고 끊임없이 공세적인 자세를 취해야 한다는 교훈을 얻어야 하는데, 오바마와 바이든의 민주당 정권에는 팔과 같은 중국관을 가진 전문가들은 찾아볼 수 없다.

군사 측면은 차치하고, 원 주제인 통화는 역사적으로 봐도 중국공산당의 전략 그 자체이다.

화폐 발행을 담당하는 인민은행은 인민해방군과 마찬가지로 1949년 10월 1일의 중화인민공화국 건국보다 먼저 당의 손에 의해 창설되었다. 군대는 상대의 대응에 따라 전술을 임기응변으로 바꾸는 마오쩌둥식 게릴라 전술을 특기로 하지만, 통화는 서서히 상대의 영역을 잠식해 들어가는 전략을 취한다.

위안화의 잠식 방식

국공내전 당시 공산당이 장악하고 있던 해방구(변구)에는 부패한 국민당 정부를 버리고 모인 고학력 금융계 등의 인재들이 각 변구邊區마다의 발권은행제도를 구축했다. 이렇게 해서 공산당 세력은 10년이 넘는 기간을 거쳐 위안화를 전국에 침투시켰다. 공산당은 변구마다 발행되는 변구권 남발은 피했다. 재정의 대부분은 변구 내에서 재배되는 양귀비 열매에서 추출한 아편을 국민당이나 일본군이 지배하는 지역에서 판매한 수입에 의존한 것으로 보인다. 반면, 장제스蔣介石가 이끄는 국민당은 미국과 영국의 지원으로 일본과의 싸움을 이겨냈지만, 부패가 만연하고, 화폐인 '법폐'를 남발하여 악성 인플레이션을 초래했다. 그 결과 민심은 떠나갔고 인민해방군이 점점 더 영역을 넓혀갔다. 공산당은 지배 영역을 확장할 때마다 신용을 잃은 법폐를 변구권으로 교환하여 통화를 안정시키고 민심을 장악했다. 그리고 인민은행 설립 후 중국 전역의 화폐를 위안화로 통일했다. 국공내전의 승리는 통화전쟁의 승리가 결정적인 역할을 한 것이다.

위안화는 공산당 전략의 산물이며, 그 사고방식은 여전히 당의 지침으로 계승되고 있다고 보아야 한다.

위안화는 건국 이후에도 오랫동안 중국 내에서만 통용되는 지역화폐로 취급되어 왔다. 중국공산당이 처음으로 위안화의 국제통화화 계획을 내놓은 것은 1993년 중국공산당 제14기 중앙위원회 제3차 총회로 거슬러 올라간다. 당시의 "위안화를 순차적으로 태환 가능한 화폐로 만들겠다"는 결의는 당 관료와 인민은행 수뇌부에 의해 계속 이어져 왔다.

여기서 간략하게 위안화의 역사를 되짚어보자.

1994년에는 당시까지의 공식 환율과 무역용 환율로 이원화된 환율제도(이중 환율제)를 일원화하여 소폭 변동하는 관리변동환율제로 전환하였고, 1997년 7월 아시아 외환위기가 발발하자 대달러 환율을 1달러=8.27위안으로 고정시켰다. 2005년 7월에는 위안화를 달러 등 여러 통화로 구성된 바스켓에 연동하는 구조의 관리변동환율제로 전환했지만, 실질적으로는 전날 종가를 다음 영업일의 기준 환율로 삼고, 거기에서 상하 0.3%까지 변동폭을 허용하는 대달러 준고정제였다.

그때의 통화제도 개혁에 대해 당시 인민은행 총재 저우샤오촨周小川은 "중국은 계속해서 1993년 중국공산당 제14기 중앙위원회 제3차 총회가 정한 방향(국제화)을 향해 노력할 것이다. 물론 이 노력은 장기적으로 지속될 필요가 있다"고 말했다. 국제화를 지향한다고 선언한 것이다.

저우가 중국 외환관리국장으로 재직하던 1998년 당시, 필자는 국제회의에 패널로 동석하여 토론한 적이 있다. 그때 필자가 "중국의 고정환율제는 언제까지 지속될 것인가?"라는 질문을 던지자 그는 "우리가 지향하는 것은 어디까지나 관리변동환율제"라고 큰 소리로 주장했던 것이 생각난다. 중국공산당 정권의 위안화 전략은 당국이 환율 변동을 억제하면서 국제 결제 통화화를 추진하는 것이다.

2005년 7월 이후 관리변동환율제는 다음과 같이 조정을 거듭해 왔다. (그래프 10-1 참조)

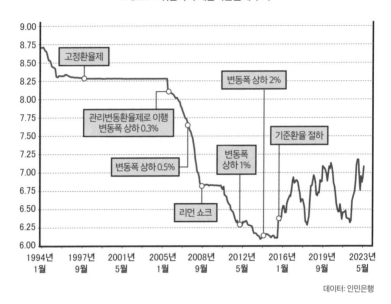

그래프 10-1 **위안화의 대달러환율제 추이**

데이터: 인민은행

2007년 5월: 대달러 변동폭을 기준치의 0.3%에서 0.5%로 확대

2012년 4월: 변동폭을 기준치의 상하 1%로 확대

2014년 3월: 변동폭을 기준치의 상하 2%로 확대

2015년 8월: 기준환율을 대폭 절하

2008년 9월 리먼 쇼크가 발생하자 일단 고정환율제로 복귀했다가 2010년 6월 다시 관리변동환율제로 회귀했다. 이러한 점진적인 통화제도 개혁과 더불어 아시아를 중심으로 국유 상업은행을 진출시켜 위안화 자금을 현지에 공급하고 무역의 위안화 결제를 보급해 왔다.

시진핑 정권은 런던 등 국제 금융 중심지에 위안화 결제 거점을 마련하고, 국경을 초월한 은행 간 위안화 거래를 확대했다. 그리고 외국인 투자자의 상하이 자본시장 투자 규제와 해외에서의 위안화 자산 거래 규제를 제한적이지만 점진적으로 완화하고 있다.

위안화 자본 거래 확대가 제대로 통제되지 않으면 위안화를 헤지펀드 등에 의한 통화 투기에 노출시키는 계기가 될 수 있다. 무역 측면에서의 위안화 결제는 거래 상황이 쉽게 포착되고 금액이 제한적이지만, 증권 등 '자본' 거래는 불특정 다수의 투자펀드가 참여하기 때문에 금액은 무역에 비해 제한없이 부풀어 오른다. 그러면 헤지펀드는 엄청난 규모의 위안화 자산을 사고팔 수 있게 된다. 달러에 대해 교환 환율을 반고정하는 관리변동환율제의 위안화는 투기의 좋은 표적이 된다.

위안화 매도 공세를 당하면 중국 통화 당국은 외환보유액을 헐어서 위안화를 매입할 수밖에 없게 되고 외환보유액은 급감한다. 시장에서는 위안화 자금이 빠져나가 통화 긴축 상태가 되어 경제활동이 디플레이션 압력에 노출된다. 즉, 경제 전체가 위축된다. 외환보유액이 아무리 많아도 급격하게 줄어들면 경제활동에 심각한 마이너스 효과가 발생한다.

관리변동환율제로 위안화 국제화 시도

통화 변동이 자유로워지면 통화는 한번에 폭락할 수도 있다. 1997년부터 이듬해까지의 아시아 외환위기 때 그랬던 것처럼 투기 세력은 폭락한 만큼의 폭리를 취하고 손을 뗀다. 통화가 폭락하면 그 나라 경제는 황폐해진다. 그리고 그 회복에는 몇 년 이상 걸리는 것이 보통이다.

어쨌든, 고정환율제나 그에 가까운 관리변동환율제는 투기의 대상이 되기 쉽다. 변동환율제도라면 투기 세력은 환율 변동 위험을 두려워해 투기를 하기 어려워진다.

아시아 외환위기 당시 자본이동 자유화를 단행했던 태국·인도네시아·한국 등이 헤지펀드의 통화 매도 공세에 노출돼 통화 폭락 우려에 휩싸였다. 인도네시아에서는 수하르토 독재정권이 그로 인해 붕괴했다.

중국은 그 전철을 밟지 않기 위해 자본 규제를 시행하고, 관리변동환율제를 유지해 왔다. 이 기본 노선을 훼손하지 않고, 자본 거래의 전면 자유화는 피하고, 당국의 관리하에 있는 투자와 융자에 대해 위안화 결제를 허용할 것이다. 이를 위해 국제통화기금에 위안화를 국제적으로 통용되는 통화로 인정해달라고 끈질기게 설득했고, 2016년 10월 1일에는 IMF 특별인출권을 획득해 통화 바스켓을 구성하는 주요 통화의 하나로 편입되었다.

바스켓의 순서에서도 엔화를 밀어내고 달러, 유로화에 이어 제3위의 국제결제통화 지위를 획득했다. 일본 재무부는 파견인사를 통해 IMF의 부전무이사직까지 맡고 있지만, 아무런 이의를 제기하지 않았다. 미국과 유럽이 찬성했기 때문에 동조한 것이다.

SDR 통화가 되면, 각국의 통화 당국은 위안화를 원하는 만큼 다른 SDR 구성 통화인 달러·유로·엔·파운드와 교환할 수 있으므로, 안심하고 위안화를 외화준비자산에 추가할 수 있다. 그렇게 되면 민간 금융기관과 기업 사이에서 위안화의 신용이 높아지게 된다.

중국이 자본 거래에 엄격한 제한을 두고 있기 때문에, 국제금융시장에서의 위안화 거래는 무역 결제 등 일부에 불과하다. 그러나 시진핑 정권이 중시하는 것은 무역에서의 위안화 결제권 확대이다. 중국 정부나 은행, 기업은 위안화로 상품이나 자원을 매매하거나 결제할 수 있는 대상을 넓힐 수 있다. 석유 등의 전략자원도, 군사용 첨단기술 제품도 위안화로 살 수 있게 된다.

뒤에 언급할 아시아인프라투자은행(AIIB)의 설립과 위안화의 SDR 통화화는 그 측면에서 한 세트로 이루어지고 있다. AIIB는 중화경제권 확대를 자금적으로 지원하고 있다. 이 자금은 현재 달러로 이루어지고 있지만, 차입국이 승낙하면 위안화로 대출될 가능성이 있다. 위안화가 SDR 통화가 되면 위안화 대출이 활성화될 것이다. 위안화로 대출을 받으면 이제는 중국에 상품을 팔아 번 위안화로 상환해야 하는 필요가 생기므로 중국에 더 의존하게 될 것이다.

이러한 과정을 거쳐 시진핑이 꿈꾸는 중화경제권은 위안화 경제권으로 변모한다. 그 지역은 화교가 지배하는 동남아시아, 중국 의존도가 강한 한국·대만·인도·파키스탄 등 남아시아, 카자흐스탄 등 중앙아시아, 더 나아가 아프리카와 유럽의 일부, 더 나아가 산유국인 러시아·중동, 자원이 풍부한 중남미 등 광대한 지역으로 확장된다.

일대일로는 위안화 결제 확대의 유도 경로

시진핑 주석은 위안화 관리변동환율제의 정착을 기대하고, 2014년 11월에 일대일로 이니셔티브를 제창했다. 시 정권은 광대한 중화경제권을 목표로 하고, 거기에 빼놓을 수 없는 국제 금융망을 함께 구축하고 있다. 이러한 노력들은 2022년에 뚜렷하게 드러났으며, 미 달러 패권에 도전하는 발판이 되었다.

유라시아 대륙, 아시아, 동아프리카, 중동, 유럽의 육지와 해상 인프라 루트를 정비하고, 베이징 등 중국의 주요 도시와 연결한다는 명분을 내세웠다. 중국 주도로 현지의 프로젝트를 추진한다. 자금 면에서도 중국이 중심이 된 국제금융기관 AIIB를 베이징에 2015년 12월에 설립했다.

그러나 시진핑이 자찬하는 일대일로의 정체가 '죽음의 길'이라는 사실이 시간이 지날수록 점차 드러나고 있다.

일대일로 현황을 먼저 살펴보자. 그래프 10-2는 일대일로 프로젝트의 완공, 신규 계약 추이와 중국의 대외직접투자 동향이다.

일대일로 프로젝트 수주액은 2014년부터 2022년까지 완공 기준 7,481억 달러, 계약 기준 1조 1,350억 달러에 달한다. 2020년을 보면 각각 911억 달러, 1,414억 달러에 달한다. 상환 조건은 시장금리에 맞춰져 있어 무상 포함 초저금리, 초장기 상환의 서방 정부개발원조(ODA)와 단순 비교는 어렵지만, 중국이 '대외경제협력'이라 칭하는 일대일로 프로젝트 규모가 압도적이다. 참고로 소개하면 ODA는 미국 355억 달러, 일

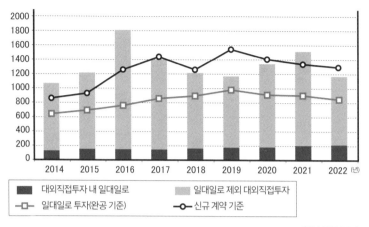

그래프 10-2 **중국의 대외직접투자와 일대일로 투자(억 달러)**

- 대외직접투자 내 일대일로
- 일대일로 투자(완공 기준)
- 일대일로 제외 대외직접투자
- 신규 계약 기준

데이터: 중국상무성

본은 162억 달러다.

 일대일로 투자는 신규 계약과 공사도 순조롭게 확대되어 2020년 코로나 팬데믹에도 별다른 영향을 받지 않은 것으로 보인다. 하지만 그래프를 들여다보면 뭔가 이상하다. 완공, 신규 계약, 대외직접투자 총액의 내역으로 일대일로를 나누어 보았다. 일대일로의 완공 기준과 직접투자 기준은 단기적으로는 다소 차이가 있을 수 있지만, 장기적으로는 큰 차이가 없어야 한다. 그러나 일관되게 직접투자 기준으로 일대일로는 완공 기준의 약 20% 내외에 머물러 있으며, 2014년부터 2022년까지 합산해도 이 비율은 20%에 못 미친다.

 그 이유는 일대일로 프로젝트의 특수성에 있다. 사실 동남아시아, 아프리카 등 중국이 진행하는 인프라 프로젝트는 중국 기업이 수주하고 중국의 설계, 자재, 노동력 나아가 금융까지 중국 자체 노력으로 완성한다. 따라서 중국 내에서의 건설사업과 큰 차이가 없다.

아프리카 등으로 파견된 중국 노동자들은 현지에 정착해 차이나타운을 형성하는 경우도 적지 않다. 금융 측면에서 보면 외화가 아닌 위안화만 주고받으면 되므로 현지에서 손실되는 외화, 즉 직접투자로 계산되는 달러는 최소화할 수 있다.

따라서 일대일로 투자 규모가 1,000억 달러에 육박하더라도 주로 외화를 현지에 투입하는 직접투자는 200억 달러 정도에 불과하다. 즉 일대일로는 중국 기업과 은행의 수익을 보장하고, 중국산 자재와 제품을 수출하고, 중국인의 고용을 촉진하는 중국을 위한 프로젝트인 동시에 귀중한 외화를 절약하는 국가 정책인 것이다.

게다가 상대국과의 계약은 달러화 기준이다. 상대국에는 총 공사비 전액을 달러화 채무에 이자를 붙여 상환을 압박한다. 달러 금리는 런던의 은행 간 금리에 프리미엄을 추가하는 경우가 많다. 상환하지 못하면 완성된 항만, 고속도로, 철도, 공항 등의 이용권을 중국 측이 획득한다. 이를 '부채의 덫'이라고 부른다.

스리랑카는 2017년 중국에 발주해 건설한 남부 함반토타 항구의 부채를 상환하지 못해 99년간의 운영권을 중국에 넘길 수밖에 없었다. 원조의 대가로 권리를 빼앗는 부채의 덫의 전형이다.

19세기 청나라 시대, 영국을 비롯한 서구 열강이 99년 기한으로 중국 각지를 조차租借하고 지배했다. 중국에게는 굴욕의 역사이지만, 공산당 정권이 이번에는 악명 높은 제국주의정책을 취한다.

이 중국에 의한 부채의 덫은 미국이 문제 삼고 있지만, 시 정권은 그것에 동요할 만큼 유약하지 않다. 언젠가는 위안화 표시 채무에 의한 계약으로 전환하고, 상대국을 위안화 결제권에 편입시킬 것이다.

'부채의 덫'은 위안화 경제권 편입의 수순

그 단면을 보여준 것은 2017년 5월 14~15일 양일간 '일대일로 정상회의'라는 명칭의 국제회의가 베이징에서 열렸을 때였다.

회의에서 시 주석은 총 7,800억 위안(당시 환율로 한화 약 127조 9,200억 원)의 인프라 정비 자금을 추가 투입하겠다고 밝혔다. 일대일로의 추진을 자신의 권력기반을 다지는 수단으로 삼고 있는 시진핑이 푸틴 대통령 등 참석자들에게 아낌없이 베푸는 모습을 보여준 것이라 볼 수 있는데, 과연 그 돈을 어떻게 마련할 수 있을까?

보통 미·일·유럽의 해외 투융자는 달러화로 이루어진다. 프로젝트를 실행하는 국가도 달러를 선호한다. 7,800억 위안은 당시의 달러 환율로 계산하면 1,136억 달러에 해당한다. 중국의 외환보유액은 3조 달러가 넘는다. 하지만 '이는 세계 최대 규모이고, 중국은 그 일부로 충당할 수 있으니 문제없다'는 것은 엄청난 오해다. 당시 중국의 외환보유액은 3조 달러이지만 대외부채는 4.6조 달러에 달했다. 즉, 외부에서 빌린 돈으로 지탱하고 있었던 것이다. 중국은 2014년부터 2017년 초까지 대규모 자본도피에 시달렸고 외환보유액은 급감했다. 시진핑 정권은 자금 유출을 막기 위해 기업과 개인의 외화 반출을 엄격하게 통제했다. 여러모로 시진핑이 외화를 대량으로 퍼부을 수 없는 상황이었다.

그래서 추가 자금의 내역을 자세히 살펴보면 대부분이 위안화이다. 인프라 투자 기금 1,000억 위안 증액, 정책투자금융기관인 중국 국가개발은행과 중국수출입은행이 도합 3,800억 위안 대출, 대형 국유은행이 3,000억 위안 규모의 위안화 기금 조성. 어렵지 않다. 인민은행이 위안화를 찍어내고, 국유은행이 대출을 해주면 된다.

위안화 차입국들은 위안화 상환 재원 확보를 위해 대중 무역에 묶인다. 대중 수출이 늘지 않고 중국으로부터의 수입만 늘어나면 대중 부채가 늘어난다. 시 정권은 거기서, 중국이 채권자가 되어 항만 등 프로젝트를 압류하고 중국의 지배하에 두게 될 것이다.

더욱이 2020년부터는 코로나 감염으로 많은 국가가 경제적 타격을 입었고, 같은 해 3월 미국이 금리 인상을 단행했다. 중국으로부터 달러화 부채를 떠안은 일대일로 해당 국가와 지역은 잇따라 부채 상환에 한층 더 어려움을 겪고 있다.

"미국의 조사기관 로디움의 통계에 따르면, 2020년부터 2023년 3월 말 사이에 세계에 대한 중국의 인프라 관련 대출 중 약 785억 달러가 상환 곤란에 빠져, 재협상 또는 상각이 불가피하게 되었다"고 한다. 『파이낸셜타임스』는 중국이 일대일로 프로젝트 참가국 약 150개국 중 대규모 차입국 정부의 채무 상환 불이행을 막기 위해, 구제금융을 확대하고 있다고도 보도했다. *2023년 4월 17일자 영국 『파이낸셜타임스』 전자판 기사.

상환이 어려운 국가는 벨라루스·레바논·가나·스리랑카·잠비아·아르헨티나·에콰도르·수리남·우크라이나 9개국이다. 구제금융 규모는 2019년부터 2021년 말까지 1,040억 달러에 달하며, 2022년 이후에도 계속 증가하고 있다. 2023년 6월 1일자 『니혼게이자이신문』은 "자금 지원의 70%는 통화스와프협정을 활용했다. 외화 지불 능력이 떨어진 신흥국에 위안화를 대출하고, 채무 변제 지원의 일부를 맡았다. 대외채무가 불어나 채무불이행에 빠진 스리랑카도 한 예이다. 세계은행 등에 따르면, 통화스와프협정을 활용하거나 중국의 국유은행으로부터 환전하기 쉬운 자금의 지원을 받았다"라고 보도했다.

즉 중국은 국유은행이 상대국에 위안화 자금을 대출하고 그 자금으로 상환하는 구조를 만든 것이다. 그 결과 상대국의 대중 부채가 달러화에서 위안화로 바뀐다. 중국 입장에서는 달러 자금이 빠져나가지만, 채권 자체는 위안화로 회수할 수 있다. 그럼에도 불구하고 상환을 못하게 되면 인프라 설비를 압류하면 된다는 것이다.

그리고 무엇보다도 상대국은 위안화 결제를 받아들이는 것이기 때문에 위안화 경제권에 편입된다. 일대일로는 위안화 국제화를 확대하는 간선도로인 것이다.

아시아인프라투자은행을 환영한 일본 언론

2015년 12월 베이징에 설립된 중국 주도의 아시아인프라투자은행 (Asia Infrastructure Investment Bank)의 정체는 아시아인프라 '모방' 은행(Asia Infrastructure 'Imitation' Bank)으로, 간판만 있는 위장 은행이다.

AIIB는 미국과 유럽의 금융시장에 대한 베이징의 공작이 성과를 올려 2015년에 아시아개발은행과 동등한 최상위 신용도(신용 등급)를 취득했지만, AIIB가 발행하는 채권을 사는 해외 투자자는 거의 없다.

시진핑 정권은 세계 최대의 대외 자금 대출국인 일본의 일대일로, 더 나아가 AIIB에 대한 참여를 간절히 원한다. 자금을 확보하여 신규 계약 프로젝트를 실행하기 쉽게 하기 위해서다. 그 대가로 일부 프로젝트를 일본과 중국이 공동으로 진행한다는 것인데, 일본 언론은 대환영이었다.

일대일로와 AIIB에는 아시아·중동·러시아를 포함한 유럽 등 많은 국가들이 참여하고 있는데 선진국 중 일본과 미국만 참여를 거부하고 있다.

2015년 초부터 3월까지 일본 국내에서는 AIIB에 대해 "버스를 놓치지 말라"는 듯이 산업계와 여당, 『니혼게이자이신문』과 『아사히신문』 등 언론 대부분이 아베 정권에 적극적인 참여를 촉구해 왔다. 니카이 도시히로 자민당 간사장 등 자민당과 공명당 양당의 친중파는 일대일로와 AIIB 참여 문제를 일중평화우호조약 비준 40주년인 2018년의 주요 대중 외교의제로 삼고 아베 총리에게 의견을 바꿀 것을 촉구했지만, 총리는 끝까지 거절했다.

3월에는 G7에서 영국, 독일 등이 참여할 것으로 전망되면서 일본과 미국만 남게 되었고 "그것 보라"는 듯이 일본 언론의 참여론은 과열되었다. 『아사히신문』은 "중국 주도의 AIIB 참여에 일본과 미국이 고립", "아시아의 리더 지위를 중국에 빼앗기고 있는 것이 분명하다", 『마이니치신문』은 "외교의 완전 패배"라며 아베 정권을 비난했다.

『니혼게이자이신문』은 2015년 1월 "'중국판 마셜 플랜'. 유라시아 대륙에 바다와 육지의 두 노선을 통해 인프라를 구축하는 '실크로드' 구상을 중국 언론은 이렇게 부른다. 미국은 제2차 세계대전 후 유럽의 부흥을 돕고, 미국 달러와 미국산 제품을 세계에 퍼트렸다. 중국이 이를 재현한다는 인식이다", "AIIB를 질서를 교란하는 이단으로 볼 것인가, 국제 금융의 틀에 포함시킬 것인가. 중국이 세계에 답을 압박하고 있다"며 마셜 플랜에 비유하기까지 했다.

어느 쪽을 선택할 것이냐며 중국이 세계를 압박할 만큼의 힘이 있다는 주장은 팽창하는 중국 머니 파워의 환상에 현혹된 탓이다. 중국의 '세계 최대 외환보유액'은 겉모습뿐이며 외부로부터의 차입금으로 겨우 유지되고 있다. 중국 주도의 투융자는 베네수엘라와 아프리카의 부패 정권과 연계되어 있고 동남아시아의 난개발을 불러일으키고 있다. 마셜 플랜에 견줄 수준의 부흥과 개발이 아니다.

중국이 AIIB의 기초로 삼았던 막대한 외환보유액은 2014년 중반을 정점으로 감소하기 시작해, 1년 반 만에 약 1조 달러가 날아가 버렸다. 거

---

1 제2차 세계대전 후, 1947년부터 1951년까지 미국이 서유럽 16개 나라에 행한 대외원조계획. 유럽의 자유 진영 국가들의 경제 부흥과 경제 발전을 위하여 마셜 미국 국무장관의 제창으로 시작되었으며, 유럽 자유 국가의 경제 부흥에 큰 힘이 되었다.

액의 자본도피가 일어났기 때문이다.

　외화 유입원은 크게 수출과 중국의 대외부채인 외국 기업의 중국 내 직접투자, 외부의 투기성 자금(핫머니) 등이 있다. 수출을 늘리기 위해 위안화 환율을 절하하려고 하면 투기꾼들이 위안화를 달러로 바꾸어 해외로 반출하기 때문에 당국은 외화준비금을 허물 수밖에 없다. 그런 불확실한 외준에 의존하는 국제대출 전문은행은 경영 기반이 취약하다.

　당시 주요 언론사 중 AIIB 참여 반대론을 주장한 것은 필자뿐이었다. AIIB 참여를 아베 총리와 아소 다로 재무장관에게 끊임없이 추천했던 나카오 타케히코 아시아개발은행(ADB) 총재를 필자는 강하게 비판했었다. 일례로, 어느 회의에서 AIIB가 중국 팽창주의의 선봉이 된다는 것과, ADB의 주요 채무국인 중국이 대출자가 되는 것은 이치에 맞지 않으며, ADB는 중국에 대해 먼저 모든 차관을 전액 상환시키고, 그 금액을 재원으로 아시아 인프라 정비 자금을 대출해야 한다고 나카오 총재에게 직접적으로 압박했다. 이 회의에는 전국의 신문사와 NHK의 논설위원 및 해설위원이 참석했지만, 필자를 제외하고는 모두 나카오 총재의 의견에 동조했다.

　중국은 당시 인도에 이어 두 번째로 큰 규모의 ADB 차관 차입국이었으며, 신규 차입 승인 기준으로는 2012년에 약 18억 달러, 2013년에 20억 달러에 달하는 형편이었다. 그런 중국이 아시아에 장기 저리 자금을 지원하여 '아시아의 맹주'가 되겠다는 것은 수상한 일임을 금융전문가라면 당연히 판단해야 하는데, 나카오 총재는 AIIB에 대한 협력 노선을 견지했다.

이런 식으로, 친중파가 많은 일본 정재계와 언론의 다수파는 일대일로
와 AIIB의 정체가 중국공산당이 주도하는 조악한 대외팽창주의의 일환
이라는 무서운 현실을 직시하려고 하지 않았다.

일대일로뿐만 아니라 중국 주도의 대외 경제협력은 실패 사례가 누적
되어 있었다.

시진핑 주석은 산유국 베네수엘라에 대한 경제협력프로젝트를 급증
시켰으나 베네수엘라 경제는 붕괴했다. 국내 정치의 혼란이 주된 원인이
지만, 중국의 부실한 투자가 정치 부패와 맞물렸기 때문이기도 하다. 중
국 투자가 집중된 아프리카 수단과 짐바브웨는 내전과 정국 불안이 계
속되고 있다. 중국과 국경을 맞대고 있는 동남아시아는 지금 중국화가
빠르게 진행되고 있는데, 라오스와 미얀마에서는 중국 접경지역마다 중
국 자본이 장기 점유해 만든 카지노 리조트가 유령단지로 전락하는 등
황폐화가 눈에 띈다. 중국이 수출 공세를 펼치는 캄보디아는 부채 누적
에 시달리며 중국의 무질서한 투자에 의존할 수밖에 없는 상황이다.

중국은 회원국과 지역 수에서 AIIB가 ADB를 능가한다고 선전하고 있
지만, 자체적으로 달러 자금을 조달하여 대출하는 것이 불가능하다. 프
로젝트 대출 경험도 부족하여, ADB와 세계은행의 인프라 대출에의 편
승으로 생존을 도모하고 있다.

중국의 외환보유액은 대외 차입이 없으면 유지될 수 없다. 달러본위의
AIIB의 한계를 본 시 정권은 일대일로의 결제 통화를 위안화로 설정할

수밖에 없는 것이다.

공산당 주도 금융의 기만

일본을 포함한 전 세계 언론은 일반적으로 중국의 정치 및 경제 시스템에 대해 기본적인 이해가 부족하다. 그것은 중국의 모든 정부 조직과 중앙은행이 군대와 마찬가지로 시진핑 주석을 정점으로 하는 중국공산당 중앙의 지시에 따르기 때문이다. 미·일·유럽처럼 삼권 분립, 민주주의 제도가 확립된 나라와는 근본적으로 다르다. 따라서 AIIB 또한 은행을 관할하는 중국 재정부가 아니라 재정부를 지배하는 당 중앙의 의지에 좌우된다.

예를 들어, 당 중앙이 정치적으로 판단하면, 북한의 AIIB 가입이 즉시 결정되고, 북한에 대한 저금리 대출이 이루어진다. 일본의 대북 경제 제재는 사실상 무력화될 것이다. 혹은 동남아시아와 남아시아에서 중국의 군함이 기항하는 항만시설이 AIIB 차관에 의해 건설될 가능성도 매우 크다. 그러므로 AIIB 문제의 본질은 외교·안보이며, 평화적 인프라 개발 자금 대출이란 말은 표면적 간판에 불과하다.

"AIIB는 영국·독일·프랑스 등 유럽 주요국도 참여하는 다국 간의 협력기구가 아닌가. 당 중앙에 지배될 리가 없다"는 견해가 일본 언론에서는 뿌리 깊다. 『니혼게이자이신문』은 "AIIB의 부정이나 대립이 아니라 오히려 적극적으로 관여하고, 관계국의 입장에서 건설적으로 주문을 내는 길이 있을 것이다"라고 주장했지만, 가령 일본이 소소한 출자 비율로 참가한다고 해도 당 중앙의 하명을 구하는 AIIB 총재의 의사결정에 영향력이 미칠 리가 없다. *2015년 3월 20일자 사설.

세계은행·ADB·IMF 등 기존 국제금융기구는 주요 출자국 대표로 이사회를 구성하고 운영한다. AIIB도 겉으로 보기에는 비슷하다.

AIIB 설립을 지휘한 로지웨이楼継偉 재정부장은 "서방 국가의 규칙에 따르는 것이 최선은 아니다"라고 공언했다. 그와 당국자들은 세계은행이나 ADB 등과 같이 자주 열리는 이사회에 의한 결정방식을 부정하고, 톱다운[2]에 의한 즉결처리 방식을 시사해 왔다. AIIB에서 압도적인 출자 점유율을 가진 중국의 의도는 세계은행과 ADB 등과는 전혀 다른 중국식 의사결정 방식인 것이다.

그래프 10-3은 외환보유액과 해외 은행으로부터의 차입금 증감 추이이다. 2014년 9월 말 해외 은행 차입액이 외환보유액의 증가액을 넘어선 이후 그 차액은 더 커졌다가, 2019년 초부터 외환보유액의 증감액은 해외 은행에 의한 대중 대출 증감과 거의 일치한다. 중국의 외환보유액은 겉으로 보기에는 3조 달러가 넘는 세계 최대 규모이지만, 해외 차입에 의해 지탱되는 것에 불과하다.

중국이 AIIB를 설립하고 아시아 지역 전체에 인프라 투자 붐을 조성하는 배경에는 자국의 곤경을 타개하기 위한 목적도 있다. 철도·항만·도로 등에서 수요를 창출해 중국의 과잉 생산 능력과 잉여 노동력을 동

---

2 기업의 경영 계획·목표·방침 등을 수뇌부가 결정하고, 그 실행을 하부 조직에 지시하는 경영관리 방식.

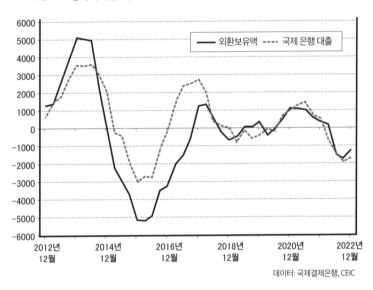

그래프 10-3 **중국의 외환보유액과 해외 은행의 대중 대출 전년비 증감액(억 달러)**

데이터: 국제결제은행, CEIC

원하고 여기에 필요한 자금은 AIIB의 이름으로 국제금융시장에서 조달
하려는 것이다.

일본 주도의 구상을 무너뜨린 미국

좌절된 일본 주도의 '아시아통화기금(AMF)' 구상을 복기해보자.

1997년 아시아 외환위기 당시, 하시모토 류타로 정권은 아세안의 요
청을 수용해 자금 규모 1,000억 달러의 AMF를 출범시키려 했다. 이는

정확히 AIIB와 같은 규모이다. AMF는 통화 방어가 당면 목적이지만, 이 자금을 바탕으로 인프라 정비에도 충당할 예정이었으니 AIIB와 공통된 구상이었다.

그러나 워싱턴은 하시모토 총리를 협박했을 뿐만 아니라 중국을 회유해 미중이 연대하여 AMF 조성을 중단시켰다. 1997년 9월의 'IMF·세계은행 홍콩 총회'에서 로버트 루빈 미국 재무장관은 AMF를 무너뜨리기 위해 분주히 움직였다. 그 이유는 AMF에는 IMF나 세계은행이라는기존 국제금융기구의 틀이나 규칙과 다른 대출 기준이 적용되어 IMF·세계은행 체제에 의한 국제금융 질서를 훼손한다는 것이다. 이 주장은 바로 지금 일본과 미국이 AIIB의 운영, 대출 기준 등 거버넌스[3]에 문제가 있다고 비판하는 것과 같다는 점에서 참으로 아이러니하다.

1997년 홍콩 총회로 돌아가서, 루빈 장관은 "AMF 문제에 대해서는 일본이나 IMF 측과 나중에 차분히 논의하고 싶다"는 말을 남기고 홍콩에서 베이징으로 날아갔다. 만날 상대는 주룽지朱鎔基 총리였다. 중국은 AMF에 참여할지 말지 태도를 유보하고 있었으나, 루빈 장관의 설득으로 중국은 반대쪽으로 돌아섰다.

당시 베이징에는 같은 해 7월 영국으로부터 반환된 홍콩 달러가 조지 소로스 계열 헤지펀드로부터 투기 대상이 될 수 있다는 우려가 전해지고 있었다. 홍콩 달러는 미국 달러에 페그되어 있어 헤지펀드 입장에서

---

3 공동의 목표를 달성하기 위하여, 주어진 자원 제약하에서 모든 이해 당사자들이 책임감을 가지고 투명하게 의사 결정을 수행할 수 있게 하는 제반 장치.

는 좋은 공격 대상이었다.

그 수법은 거액의 홍콩 달러를 빌려서 그 자금으로 홍콩 달러를 마구 팔아치우는 것이다. 다른 투자자들도 이를 따라하게 되고 홍콩의 통화 당국은 미국 달러로 홍콩 달러를 사들여 버티지만 달러화 준비금이 바닥나면 손쓸 수 없게 된다. 그렇게 되면 미국 달러에 페그되어 있는 홍콩 달러를 변동환율제로 전환할 수밖에 없고, 홍콩 달러는 폭락한다.

헤지펀드는 그 시점에 정산하여 폭락한 홍콩 달러로 차입금을 갚는다. 폭락 전 홍콩 달러를 팔아서 손에 넣은 달러 중 일부를 상환용으로 돌리고 나면 나머지는 펀드 수익이 된다.

이 수법으로 헤지펀드는 태국에서 떼돈을 벌고 다음 타깃을 홍콩으로 정했다.

그렇게 되면 홍콩 달러로 표시된 시장 전반에 공황이 온다. 주식도 부동산도 폭락의 우려가 있다. 마침내 홍콩이 중국으로 반환되었는데 헤지펀드에 의해 홍콩 시장이 붕괴되면 베이징에도 큰 문제가 된다.

당시 『니혼게이자이신문』 홍콩 지국장을 맡고 있던 필자는 홍콩의 금융계 중요 인사로부터 이 때문에 주룽지 총리가 루빈 장관과 모종의 거래를 했다고 들었다. 이 금융계 인사는 문화대혁명 때 주룽지와 같은 시골로 하방[4]되어 함께 거름통을 지고 다니던 때부터 친밀한 관계를 유지했다고 한다. 이 막역한 인물이 홍콩의 위기를 주룽지에게 호소했다.

주룽지가 루빈에게 제안한 것은 헤지펀드의 홍콩 달러 공격을 중단시

---

4 문화대혁명 시기 중국에서 당원이나 공무원의 관료화를 방지하기 위하여 이들을 일정 기간 동안 농촌이나 공장에 보내서 노동에 종사하게 한 운동.

켜 달라는 것이었고 그 대가로 미국의 AMF 반대 입장에 동조한 것이다.

워싱턴이 헤지펀드에 개입한다고 하면, 시장의 문제는 모두 시장에 맡겨야 한다는 미국의 평소 주장에 반하는 것이 아니냐고 생각할 수도 있다. 하지만 미국 금융계는 무엇이든 할 수 있다.

원래 월스트리트 출신인 루빈은 헤지펀드와도 강력한 네트워크가 있었다. 헤지펀드의 태국 통화 투기 당시, 태국 당국이 헤지펀드에 맞서 바트화 자금 공급을 동결하는 대응조치를 취했고 상환기한이 다가온 바트화 자금을 갚지 못해 헤지펀드가 궁지에 몰리자 루빈이 태국 재무부 장관에게 전화를 걸어 동결을 해제하지 않으면 태국에 대한 IMF 긴급 대출을 허용하지 않겠다고 협박했다.

태국 측은 어쩔 수 없이 자금 공급을 허용했고, 헤지펀드는 엄청난 수익을 올렸다. 그런 은인인 루빈은 헤지펀드로 하여금 홍콩 달러 투기를 포기하게 만들 정도로 영향력이 있었던 것이다.

중국마저도 AMF를 반대하면 태국 등 동남아시아 국가들은 동요할 수밖에 없다.

게다가 워싱턴 쪽에서는 도쿄에 중대한 경고를 했다.

"일본은 AMF 추진을, 그 사안을 결정하는 내각회의 직전에 보류했다. 그 이유는 내각회의가 열리는 아침에 워싱턴에서 하시모토 총리에게 전화가 왔기 때문이었다. 만약 일본이 이대로 AMF 설립을 강행한다면, 미일 동맹 관계에 부정적인 영향을 미칠 것이라는 경고였다"고 당시의 재무성 관료는 말했다.

AMF 구상의 전조가 된 일본 주도의 태국 금융지원 회의를 주관한 사카키바라 에이스케 재무관은 회고록에서, 로렌스 서머스 재무부 부장관의 심복인 티모시 가이트너 차관보대리(훗날 오바마 정권 1기 재무장관)가 미국을 배제한 태국 지원의 틀이 결정된 뒤 사카키바라 재무관의 귀에 대고 "슈퍼 파워가 된 기분이 어떠신가?"라고 속삭였다고 털어놓았다.

미국은 어쨌든 일본 주도의 새로운 아시아 통화기구를 미국 패권에 대한 도전으로 간주하고 이를 저지한 것이다.

이후 아시아에 대한 일본의 독자적인 통화·금융 전략은 공백으로 남았다.

역사에 "If…"는 없지만, 만약 AMF가 설립되었다면, 그 후 중국이 위안화제국으로 부상할 수 있었을까?

미국은 중국이라는 국제통화 질서에 대한 위협이 대두된 이상 일본의 주도권을 인정해야 한다. 그러나 지금의 일본은 정·관·재계, 언론계 모두 중국과의 융화를 추구하는 그룹이 대다수이며, 다른 한편으로 일본은 금융 측면에서 미국을 추종할 수밖에 없는 것처럼 보인다.

미중 관계의 변화를 포착하라

미중 관계의 기조는 공존의 역사였다.

1890년에 실시된 인구조사 결과로 "프론티어 소멸"[5]이 선언된 이후 미국 개척자들은 태평양 너머로의 진출을 노렸는데, 주요 목표는 중국이

---

5 개척되지 않은 무인 지역이 모두 사라져 미국 국토가 고정되었다는 의미.

었다. 미국은 중국 침략에 여념이 없는 열강에 동참하지 않고, "기회 균등"을 주장하면서 주로 선교사를 중국에 파견했다. 미국 전후 외교의 거물인 조지 케넌은 외교관 은퇴 후에 남긴 강의록에서 "중국인에 대한 우리의 태도에는 뭔가 편애하는 느낌이 있다", "이 감정은 자신들만큼 혜택을 받지 못하고, 더 후진적이라고 생각되는 타국민에 대한 자비로운 후원자, 자선가 또는 교사를 자처함으로써 얻는 기쁨에서 비롯된다"라고 말했다. 이러한 미국인 특유의 친중 의식이 지금도 미중 관계의 저변에 흐르고 있다.

제2차 세계대전 후 미소 냉전 시기, 미군이 베트남 전쟁의 수렁에 빠졌을 때, 소련과 대립하던 중국이 미국의 국면 타개 카드 역할을 했다. 2,000만 명 이상의 아사자가 나온 1950년대 말의 대약진정책, 그리고 1960년대 후반부터 이어진 문화대혁명으로 인해 피폐해진 중국은 미국과 일본의 도움을 받아 경제를 재건해야만 했다. 1972년 2월 닉슨의 중국 방문으로 미중 국교정상화를 향한 미중 간 해빙이 진행되었다(공식적인 국교정상화는 1979년이다). 같은 해 9월에 다나카 가쿠에이 총리가 중국을 방문했고, 일중은 곧바로 국교를 정상화했다.

1990년대 들어 중국은 글로벌 경제에 편입되기 시작했다. 미 의회와 백악관은 중국에 대한 최혜국 대우를 영구화하기로 결정하고, 중국의 WTO 가입 승인을 추진했다. 미국 기업의 중국 시장 진출이 쉬워지고, 금융 측면에서도 글로벌 시장에 편입시킬 수 있다는 실리주의, 실용주의가 대중 외교를 규정한 것이다. 워싱턴은 이 대중 융화를 '관여정책'이라고 부른다.

원래 중국공산당은 덩샤오핑이 도광양회 원칙을 내세워 미국 등을 적대시하지 않고 자본과 기술을 잘 끌어내어 국력을 키우는 노선을 택했다. 그것이 바로 장쩌민, 후진타오에 계승되어 군사적 대결을 피해 왔다.

그럼에도 불구하고 장쩌민 정권 시절에 두 번이나 미중 간 군사적 긴장이 고조된 사건이 있었다. 첫 번째는 1999년 5월 코소보 분쟁 당시 나토군의 일원으로 무력 제재에 참여한 미군기가 당시 유고슬라비아 수도 베오그라드에 있는 중국대사관을 폭격한 사건이다. 워싱턴은 이를 표면적으로 "유고 정부의 정부기관으로 오인했다"고 발표했지만 "사실, 중국대사관이 유고 정부 지원을 위한 무기 공급의 거점이 되고 있음을 CIA가 알아낸 뒤의 의도적인 공격이었다"고 필자의 지인인 전 백악관 고위 관리는 털어놓았다. 중국 국내에서는 반미 시위가 일어났지만 장쩌민의 당 중앙은 즉시 이를 진정시켰다.

두 번째는 하이난섬 사건이다. 2001년 4월 1일 오전 8시 55분(중국 표준시), 하이난도 동남쪽 110km의 남중국해 공해상 상공에서 중국 내 무선통신 감청·정찰 활동을 하던 미 해군 소속 전자정찰기 EP3-E와 중국 인민해방군 해군항공대 소속 J-8 II 전투기가 공중 충돌하는 사고가 발생했다.

중국 전투기는 추락해 조종사가 실종되었고, 미군 정찰기는 하이난섬 비행장에 불시착한 후 탑승자는 중국 당국에 의해 구속되었다.

당연히 미중 간 긴장이 고조됐지만, 5월 24일 미군 항공기 기체까지 반환되면서 양국 관계는 정상으로 돌아왔다.

이 사건에 당황한 것은 베이징이었다. 사건 발생 직후 장쩌민이 부시 (조지 W. 부시) 대통령에게 전화를 걸었지만 대통령은 응답을 거부했다. 장쩌민은 이후에도 여러 번 전화를 걸었지만 부시 대통령은 수화기를 들지 않았다. 베이징은 재빨리 꺾였다.

어쨌거나 부시 정권은 2001년 가을, 중국의 WTO 가입을 인정하고, 2005년 8월에 차관급 '미중 전략대화', 2006년 12월에 각료급 '미중 전략경제대화'를 시작했다. 그것은 오바마 정권의 2009년 '미중 전략·경제 대화'로 이어졌다. 융화와 협조라고 하는 관여정책의 구조는 강화되고 있었다.

미중 간 통화·금융 협력은 전략이라는 이름의 대화 형식을 취하지 않더라도 일관되게 진행되어 왔다. 2001년 9·11 테러 발발 전날 중국을 방문했던 1기 부시 행정부의 폴 오닐 재무장관은 인민대회당에서 장쩌민 주석, 샹화이청項懷誠 재정부 장관과 회담을 가졌다. 중국의 재정장관은 "위안화는 언젠가는 변동이 허용될 것이지만, 조금만, 너무 큰 폭은 안 된다"고 말했다. 오닐 장관은 내심 "어차피 중국은 여전히 통제경제다. 시장 자본주의의 힘에 맡기면 중국은 분열될 것"이라고 이해했다.

2005년 7월에 중국은 위안화 소폭 절상과 소폭의 관리변동을 단행했다. 당 중앙은 전년도 말에 절상을 결정하고, 2005년 2월의 음력설에 실시할 예정이었지만, 워싱턴의 절상 요구가 높아지는 동안은 실행을 보류했다. 어디까지나 베이징의 자율판단에 따른 것이지 미국의 압력에 굴복한 것이 아니라는 명분을 중시했기 때문이었다.

한편, 베이징은 워싱턴과 긴밀히 협의하면서 개혁의 실행을 최종적으로 결정하고, 2005년 6월 말 존 스노우 재무장관에게 사전 통보했다. 스노우 장관은 7월 1일 앨런 그린스펀 연방준비제도이사회 의장과 슈머 의원 등 대중 강경파 의원들과 비밀 회합을 갖고 중국 측의 뜻을 전했다. 의원들은 5월에 이미 의회에 제출된 대중 제재 법안의 7월 표결을 연말까지로 연기하고 그동안 위안화 추이를 지켜보기로 하며 침묵을 지켰다.

그리고 2008년 9월 15일 리먼 쇼크가 터졌다. 헨리 폴슨 재무장관의 회고록에 따르면, 파산 위기에 처한 모건스탠리를 구제하기 위해 폴슨 장관은 9월 20일 토요일 밤(미국 시간) 중국 왕치산 부총리에게 전화를 걸었다. 이미 모건스탠리에 50억 달러를 출자한 중국투자유한책임공사(CIC)의 추가 출자를 타진했지만, CIC는 모건스탠리 투자로 인해 이미 막대한 평가손을 떠안았기 때문에 왕치산은 주저했다.

CIC는 왕치산이 엄중히 챙기는 국가투자펀드로 중국의 외환보유액 일부를 월스트리트의 투자회사 블랙스톤에 위탁운용하고 이 회사의 조언으로 모건스탠리에도 출자해 왔다. 폴슨 장관은 회고록에서, "만약 추가 출자 가능성이 있으면 자신이 부시 대통령과 후진타오 주석과의 전화 회담을 연결할 생각이었지만, '이런 종류의 접촉에는 신중을 기해야 했다. 미국 대통령이 중국 국가주석에게 미국 기업에 대한 출자를 직접 요청하고 있다는 인상을 줄 수는 없었다'"고 밝혔다. 결국 폴슨 장관은 방향을 틀어 일본의 나카가와 쇼이치 재무상과 협의했고, 미쓰비시UFJ은행이 90억 달러의 출자에 응해 지분율 20%의 최대 주주가 됨으로써 모건스탠리는 구제를 받았다. 미국 대통령이 베이징에 고개를 숙이는 전대미문의 굴욕은 피한 것이다.

이러한 일련의 에피소드는 워싱턴이 베이징과 협력할 수밖에 없는 상황을 보여주지만 금융에 대해 중국이 우위를 점하고 있다는 뜻은 아니다. 중국은 증가하는 외환보유액의 대부분을 미국채로 운용하며 운용수익을 더 올리기 위해 블랙스톤에 위탁하고 있지만, 미국 금융위기로 막대한 손실을 입었다. 왕치산은 이런 상황에서 돈만 더 내놓으라고 하는 것이 싫었다.

이 쓰라린 교훈을 통해 시진핑 주석은 중국 주도의 AIIB 창설에 나서면서 미국을 중심으로 한 국제금융질서에 도전하게 되었다. 그러나 세계 1위의 외환보유액도 대외부채 없이는 유지될 수 없고, 일대일로 등 대외투융자에 필요한 외화자금도 국제금융시장 금리에 추가 금리를 붙여 조달할 수밖에 없다. 게다가 가속화되는 자본도피에 시달린다.

이런 곤경에서 벗어나기 위해서는 달러 금융에 대한 의존도를 탈피하고 위안화 중심의 통화·금융 시스템을 구축해서 세계로 뻗어나갈 수밖에 없다. 위안화가 유통되는 지역을 유라시아 대륙 전역, 중근동, 아프리카 일부, 중남미로 한꺼번에 확장하는 위안화제국을 건설해야 한다.

2023년 5월, G7 히로시마 정상회의에서 바이든 대통령이 중국에 대한 그동안의 대결 자세에서 벗어나 '해빙'을 목표로 하는 발언을 했다. G7 정상선언 자체도 중국에 대한 대응책의 구체성이 부족하다는 지적이 나온다. 푸틴 대통령과 긴밀한 우호관계를 맺는 등 미국의 통화 패권을 무너뜨리기 위한 전략을 차근차근 펼치는 시진핑에 대해 백악관의 주인은 비틀거리고 있고 서방 전체의 결속도 위태로워 보인다.

그러나 미 의회에서는 초당파적인 대중 대응법안이 심의되고 있다. 거기에는 대중 금융 제재를 요구하는 조항이 포함될 가능성이 있다. 게다가 2024년 미국 대통령 선거에서, 중국의 위협 팽창의 원인이 미국이 중국에 막대한 달러를 공급해온 데 있다고 보는 전략가들이 공화당 후보의 브레인이 될 것이다.

미중 통화전쟁은 부상하는 중국이 패권국이 되려는 현대에서는 필연적이며, 우여곡절을 겪으며 장기화할 것을 각오해야 한다.

일본의 각오를 묻다

미중 통화전쟁은 그동안 달러를 매개로 한 미중 간 화해관계의 종언을 예고하고 있다. 미국의 대중 외교 노선은 국제금융 측면에서 중국의 도전으로 인해 수정이 불가피하게 되었다. 동시에 통화와 떼려야 뗄 수 없는 상품, 첨단기술, 그리고 군사·안보 측면에서 중국의 공세로 이어진다. 이는 특히 아시아에서 일본의 안보에 위협이 되고, 일본의 경제력 약화를 초래할 수 있다. 일본으로서는 위안화제국에 대항할 각오와 전략이 필요하다.

중국을 위협으로 보고 경계하는 시각은 이제 미국에 국한되지 않고, 유럽 일부와 아시아 각국 및 지역으로도 확산되고 있다. 그 와중에 '일중 우호'라는 낡은 간판을 고집하는 일본의 여야 의원, 언론, 학자, 지식인들이 있다. 이들은 시대의 변화를 읽지 못한다.

뿐만 아니라 일본 정부는 2018년에 중국에 대해 달러와 언제든 바꿀 수 있는 엔화를 대량 발행하여 중국에 제공하고, 중국의 외환위기를 회피하기 위한 통화스와프협정에 응했다.

조잡한 기술과 질이 떨어지는 중국 국유기업이 주계약자가 되는 일대일로 인프라 사업에 일본이 자금을 지원하고 일본 기업이 하청업체가 될 수 있다. 또한 중국 자본이 일본에서 토지나 기업을 인수할 때 일본은행은 인민은행이 내놓을 위안화 대신 엔화 자금을 제공하는 통로가 될 수 있다.

일본과 미국은 앞으로 다가올 위기를 분명히 인식하고, 위안화제국의 위협에 어떻게 대처할 것인지, 새로운 동맹관계 구축을 목표로 해야 한다.

'위안화제국의 위협'이라는 인식을 미일 양국이 공유할 수 있어야 중국 쪽으로 기울어지기 쉬운 미국의 저울추가 일본 쪽으로 기울어질 가능성이 높다.

새로운 차원의 미일 동맹이란 무엇인가. 그 모습을 구체적으로 묘사하기는 어렵지만, 그것은 통화·금융, 통상 등 경제 전반과 군사를 포함한 종합적인 미일 협력 구조가 될 것이다. 그 틀을 만들기 위해서는 일본이 미국을 리드하겠다는 확고한 의지가 필요하다.

끝마치며

이 책을 쓰면서 머릿속을 떠나지 않는 의문은 미중 통화전쟁에서 일본이 어떻게 자리매김할 것인지, 그리고 도대체 언제쯤이면 일본이 주권국가로서 중국에 대해 단호한 대응을 할 수 있을까 하는 것이었다.

25년 이상 국내 수요가 디플레이션 압력에 눌려 있는 일본은 해외, 특히 중국 시장에 의존하는 것이 체질적으로 고착화되어 있다. 아니, 중국에 대한 의존도를 좋게 보는 정재계, 언론의 대다수가 증세와 긴축재정이 디플레이션의 원인이 되고 있음에도 불구하고 정부의 '증세-긴축 노선'을 문제 삼지 않는 것이다.

이 때문에 일본에서는 돈의 과잉이 점점 더 심해져 해외로 유출되고 있다. 일본은행의 자금순환 통계에 따르면 대외 금융채권은 2002년 말 371조 엔, 2012년 말 693조 엔, 2022년 말에는 1,300조 엔으로 10년마다 2배 가까이 늘어나는 기현상이 벌어지고 있다. 이는 명목GDP의 2배를 훌쩍 넘는다.

이 엔화 자금이 뉴욕과 런던의 금융시장을 부풀리고, 미국과 영국의 국제금융자본이 이를 빨아들여 중국에 투입한다. 그 결과 준달러본위제인 중국의 팽창을 도운 것이다. 이름을 붙이자면 '재팬머니 순환'이다.

자본도피에 시달리는 시진핑 정권은 이를 통해 위안화의 양적 팽창과 저금리를 유지하며 경제의 고성장을 이어갈 수 있다. 뿐만 아니라 일대일로에 대한 투자와 융자, 군비 확장의 재원도 확보할 수 있다. 그 결과 일본·한국·대만·동남아시아 등 주변국들은 중국의 위협에 점점 더 강하게 노출되고 있다.

중국의 저출산도 최근 언론에 자주 오르내리지만, 일본의 저출산 문제는 훨씬 더 심각하다. 그 속도도 그렇지만 일본 정부가 디플레이션 용인 노선을 바꾸지 않아 저출산이 진행되고 있기 때문이다.

헤이세이 버블을 정점으로 버블 붕괴로 향하는 1990년 이후 근로자 전체의 실질임금과 결혼율, 출산율의 세 가지 추세는 정확히 일치하면서 계속 하락하고 있다. 그 이유는 누구나 알 수 있다. 요즘 논의되고 있는 동성결혼은 논외로 치더라도, 생물학적 남녀가 결혼해 가정을 꾸리지 않는 것은 안심하고 아이를 낳고 키우기가 어려워서이다. 결혼을 하기 위해서는 안정적인 수입이 필요하고, 아이를 키우고 좋은 교육을 시키기 위해서는 미래의 수입이 늘어날 것이라는 전망이 전제 조건이 되기 때문이다.

실질임금은 1996년에 정점을 찍고 1997년부터 계속 하락하고 있다. 1997년은 만성적 디플레이션의 출발점이다. 디플레이션은 경제학적으로 지속적인 물가 하락을 의미하지만, 일본의 디플레이션을 설명하기에는 그것만으로는 부족하다. 일본에서는 오랜 기간 물가 하락이 완만했지만, 그 이상으로 임금은 더 많이 떨어졌다. 또는 에너지 가격 상승, 소비세 인상 등의 요인으로 물가가 상승해도 임금 상승이 그에 따라가지 못하고 있다.

1997년 4월 당시 하시모토 류타로 정권은 소비세 인상, 사회보험료 인상과 재정지출 삭감이라는 긴축재정 3종 세트를 단행했다. 헤이세이 버블 붕괴 불황으로 수요가 회복되지 않은 상황에서 소비세 인상으로 물가를 강제로 올리고, 민간에서 더 많은 세금과 사회보험료를 징수하고 민간에 대한 지출을 줄인 것이다.

인구 1,000명당 출생아 수는 1990년 약 10명, 1997년 9.5명, 2003년 8.9명, 2016년 7.8명, 2019년에는 7명으로 떨어지고, 2022년 6.3명으로 급감하고 있는 상태다. 2012년 12월부터의 아베노믹스는 청년들의 취업 빙하기를 끝내고 고용을 크게 늘리는 성과를 거뒀지만 실질임금의 하락세는 막지 못했다.

취업자 총 보수는 크게 증가했는데, 이는 주로 전업주부 여성들이 일터로 나갔기 때문이다. 후생노동성 통계에 따르면, 25세부터 34세까지의 연령대 여성 취업률은 앞서 언급한 시점별로 나열하면 56%, 62%, 66%, 77%, 81%, 84%이다. 임금 디플레이션으로 주부들도 파트타임 등으로 일할 수밖에 없는 상황이다. 이렇게 되면 더 많은 자녀를 양육할 의욕이 생기지 않을 것이다.

기시다 후미오 총리는 저출산 문제를 국난으로 보고 '특단의 대책'을 소리 높여 부르짖고 있지만, 여당과 경제계가 내놓는 재원 마련 방안은 겨우 소비세 인상, 사회보험료 인상, 재정지출 삭감이다. 이것으로는 디플레이션과 저출산의 동시 진행을 막을 수 없고, 일본 내의 엔화 자금이 돌지 않아 결국 해외, 특히 최종적으로 중국으로 흘러가는 구도 역시 변하지 않을 것이다.

앞으로 미중 통화전쟁은 계속될 것이다. 결말은 쉽게 나지 않을 것이다. 그 패배자는 누가 될 것인가를 생각하면 민주주의 국가인 일본의 유권자들이 각성할 수밖에 없지 않을까?

한국 독자 여러분께

제가 한국을 처음 방문한 것은 1976년 가을로, 막 떠오르는 한국의 전자기기 산업을 취재하는 것이 주 목적이었습니다. 특히 인상 깊었던 것은 삼성전자의 최고위층과의 인터뷰였습니다. 삼성은 현재 세계 최대의 반도체 메이커로 일본을 압도하고 있지만, 당시에는 반도체 부문은 아직 여명기였고 다른 전자 제품을 주력 사업으로 하고 있는 것 같았습니다.

회견이 끝나자 그는 "이것을 받아주세요"라며 신제품을 내밀었습니다. 그것은 금색 액정 디지털 손목시계였습니다. 비슷한 종류의 시계는 일본에서도 판매되고 있었지만 아직 드물었고 귀중품이었습니다. 저는 놀라서 "후의에 감사드립니다만 저희 회사(당시에는 『니혼게이자이신문』에 재직)에는 사내 규정이 있어서 취재처에서 고가의 물건을 받는 것은 금지되어 있습니다"라고 거절했습니다. 그러자 그는 "이건 비싼 게 아닙니다. 그저 일본의 경제 전문 기자님이 이걸 사용해 보셨으면 합니다. 저희 회사 제품의 품질이 일본 제품에 얼만큼 뒤떨어지고 있는지를 아셨으면 하기 때문입니다"라고 진지한 눈빛으로 말했습니다. 더 이상 거절하는 것은 예의가 아니라고 생각한 저는 받아들였습니다. 귀국 후 사용해보니

과연 몇 개월 후에는 액정의 숫자가 깨져버렸습니다. 그의 설명대로였습니다.

하지만 저는 그때 삼성이 무섭다고 생각했습니다. 한국의 최고 엘리트가 체면도 버리고 굳이 일본 측에 기술의 열세를 드러내는 것은 그만큼 실패로부터 배워 품질과 성능 향상을 위해 노력을 아끼지 않는다는 증거입니다. 그렇다면 일본을 따라잡고 추월할 날도 머지않았다고 느꼈습니다. 다른 한국 기업을 방문해도 역시 최고위층은 "일본을 따라잡기 위해서는 아직 10년, 20년이 걸릴 것입니다"라는 견해가 많았습니다. 현장에서는 미국 유학을 다녀온 젊은 기술자들이 사명감에 넘쳐 일사불란하게 제품 개발에 몰두하고 있었습니다.

예상대로 그 후 1980~90년대 한국의 첨단기술을 중심으로 한 산업은 눈부신 발전을 이루었고 삼성은 일본 브랜드를 압도할 뿐만 아니라 세계 정상에 올랐습니다.

그리고 중국도 또한 제조업을 중심으로 고성장을 이루어 세계의 공장으로 군림하게 되었습니다. 중국에 투자하고 기술을 제공해온 외국자본, 특히 일본과 한국 기업이 공헌한 것입니다.

글로벌화되어 상호 의존 관계로 묶인 세계에서는 한국과 일본, 중국에 대만까지 더한 동아시아 국가는 경쟁하면서도 윈윈 관계를 구축할 수 있다는 낙관론도 있습니다. 그러나 그렇게 단언할 수 없게 된 것이 현실입니다. 국제 정치와 안보 상황이 용납하지 않기 때문입니다. 단순화하면 미국 대 중국이라는 도식입니다. 한일 양국은 이에 직간접적으로 휘말리고 있습니다.

한국 독자 여러분께

미국은 중국의 군사적 위협 확대의 원천이 첨단기술 개발에 있고, 그
것을 지탱하는 것이 외국의 첨단기술 기업을 끌어들이는 시장의 확대에
있다고 보고 경계하고 있습니다. 특히 첨단기술에 관해서는 한국이나 일
본에 대해 대중 투자의 제한을 요구하고 있습니다. 이에 대해 중국은 시
장의 거대함과 첨단기술에 필수적인 희토류와 희소 금속, 부품의 공급력
을 과시하며 한국과 일본에 대해 미국을 따르지 말라고 위협하고 있습
니다.

하지만 미중 대립의 본질은 21세기형 패권 다툼입니다. 첨단기술을
둘러싼 마찰은 그 일각에 지나지 않습니다. 앞으로 끝없이 세계에 미칠
영향에 관해서 보다 중대하지만 서방의 전문가나 언론에 간과되기 쉬운
측면이 통화와 금융입니다.

물론 미국은 세계의 패권국입니다. 패권의 주 원천은 군사라고 생각되
기 쉽습니다만, 핵 초강대국끼리의 군사 충돌은 서로의 파멸로 이어지니
까 자제할 수밖에 없습니다. 그래서 미국이 글로벌 세계를 움직이는 수
단으로 삼는 것은 기축통화인 달러이며, 패권 파워를 행사하는 무대는
달러가 지배하는 국제금융시장입니다. 우크라이나를 침략한 러시아와
핵 개발 의혹의 이란 등에 대한 제재의 주력 수단이 금융 제재이며, 금융
시장에서의 달러 자금 조달을 금지하는 것입니다.

한국과 일본도 달러 체제에 편입되어 경제를 발전시켜 왔지만, 때로는
국제금융시장에 농락당하기도 했습니다. 한국도 1997~8년에는 아시아
외환위기를 겪었습니다만, 자국 통화의 자유변동환율제도와 경제개혁
을 통해 멋지게 위기를 극복해냈습니다.

반면 중국은 본서에서 상세히 서술하고 있듯이 준달러본위제입니다. 대달러 환율을 반쯤 고정하고, 외국자본 투자를 촉진하고, 수출을 확대하여 고성장을 실현해 왔습니다. 그러나 취약성도 따릅니다. 달러가 들어오지 않으면 통화인 위안화의 안정을 얻을 수 없을 뿐만 아니라 재정 및 금융 정책도 마음대로 되지 않습니다.

시진핑 정권은 "중화민족의 위대한 부흥"을 내걸고 달러에 의존하는 체제를 유지하면서도 달러 의존에서 탈피를 추구합니다. 그것은 언뜻 보기에는 모순되는 것처럼 보입니다만, 교활하고 용의주도합니다. 그 전략을 대표하는 것이 일대일로 이니셔티브이며, 위안화 결제를 서서히 침투시켜 나갈 것입니다.

미국은 통화 패권을 사수하고, 중국은 서서히 그것을 잠식합니다. 미중 통화전쟁은 이렇게 '백년전쟁'이 될 양상을 띠고 있으며, 아직 서막에 불과합니다. 중국과는 모든 면에서 더 가까운 이웃나라인 한국은 일본 이상으로 이 통화전쟁에 휘말릴 가능성이 높을 것입니다. 이 책에서 필자가 일본에 대해 쏟아낸 고언 중 상당 부분은 상황을 조금 바꾸어 적용하면 한국에도 시사점이 있을 것이라 생각합니다.

이 책이 한국 경제의 미래를 생각하는 데 도움이 되기를 바랍니다.

2023년 12월
타무라 히데오

혼전이 거듭되는 미중 패권전쟁[*]

» 미국 고위급 인사의 잇단 중국 방문.

5월 윌리엄 번스 CIA 국장

6월 토니 블링컨 국무장관

7월 재닛 옐런 재무장관

헨리 키신저 전 국무장관

8월 지나 러몬도 상무장관

10월 대중 강경론자인 척 슈머 민주당 상원 원내대표

11월 미중 정상회담(APEC)

» 화웨이에서 7나노 반도체(미 금수품목)를 탑재한 5G 폰 출시. 지나 러몬도 미국 상무장관은 대중 반도체 수출 통제를 위한 추가 조치 도입 가능성을 시사.

» BRICS 강화: 9월 요하네스버그 정상회의를 계기로 브라질·러시아·인도·중국·남 아프리카공화국의 기존 BRICS 5개국에 더해 사우디아라비아·아랍에미리트·이 란·이집트·아르헨티나·에티오피아 등 6개국이 신규 회원국으로 가입.

» 일본이 아세안(ASEAN)과 전략적·포괄적 동반자 관계로 격상(한국도 2024년 관 계 격상을 제안). 중국을 견제하는 공조 체제 구축.

---

* 2023년 7월 원서 출간일 이후 미중 패권 관련 주요 사건을 간략하게 정리하였다.

» 이탈리아의 일대일로 탈퇴 통보.

» 미국이 베트남과 희토류 공급 MOU 체결. 탈중국 공급망 구축 가속화.

» 중국의 부동산 침체가 점차 악화되어 2022년 헝다 사태에 이어 대형 부동산 개발업체 비구이위안 부도, 핑안보험에 피인수 움직임.

» 인도에서 개최된 G20 정상회의에서 미국·인도·사우디아라비아·UAE·프랑스·독일·이탈리아 등이 '인도·중동·유럽 경제회랑(IMECIndia-Middle East-Europe Eonomic Corridor)' 구상 추진을 위한 MOU 체결. 유럽에서 중동을 통과해 인도까지 연결하는 철도 및 항로 건설 사업으로 중국의 일대일로를 견제하는 움직임으로 해석됨.

미중 통화전쟁

초판 1쇄 인쇄 2023년 12월 26일
초판 1쇄 발행 2024년 1월 5일

지은이 | 타무라 히데오
옮긴이 | 정상우
편집 | 이민정
디자인 | 김해연
관리 | 남영애 김명희

펴낸곳 | 오픈하우스
펴낸이 | 정상우
출판등록 | 2007년 11월 29일(제13-237호)
주소 | 서울시 은평구 증산로9길 32(03496)
전화 | 02-333-3705
팩스 | 02-333-3745
페이스북 | facebook.com/openhouse.kr
인스타그램 | instagram.com/openhousebooks

ISBN 979-11-92385-22-8 03300